Herramientas psicológicas para educar a niños con necesidades especiales

Mucio Romero
Rogelio León Mendoza

Compilador

EDITORIAL
PAX
MÉXICO

EL LIBRO MUERE CUANDO LO FOTOCOPIAN

Amigo lector:

La obra que usted tiene en sus manos es muy valiosa. Su autor vertió en ella conocimientos, experiencia y años de trabajo. El editor da una presentación digna de su contenido y pone su empeño y recursos para difundirla ampliamente, por medio de su red de comercialización.

Cuando usted fotocopia este libro o adquiere una copia "pirata" o fotocopia ilegal del mismo, el autor y editor no recuperan la inversión que han realizado.

La reproducción no autorizada de obras protegidas por el derecho de autor desalienta la creatividad y limita la difusión de la cultura, además de ser un delito.

Si usted necesita un ejemplar del libro y no le es posible conseguirlo, le rogamos hacérnoslo saber. No dude en comunicarse con nosotros.

EDITORIAL PAX MÉXICO

COORDINACIÓN EDITORIAL: Matilde Schoenfeld
PORTADA: Víctor M. Santos Gally

© 2012 Editorial Pax México, Librería Carlos Césarman, S.A.
    Av. Cuauhtémoc 1430, Col. Santa Cruz Atoyac
    México DF 03310
    Tel. (5255) 5605 7677
    www.editorialpax.com

Primera edición
ISBN: 978-607-7723-34-9
Reservados todos los derechos
Impreso en México / *Printed in Mexico*

Índice

El presente libro es resultado de la colaboración entre diversas posturas psicológicas que se congregan alrededor de un tema común: la educación especial; así, el interés por esta área ha llevado a varios profesionales a compartir sus experiencias e inquietudes respecto de las posibilidades de investigación e intervención en las personas denominadas como sujetos con necesidades especiales.

Para el presente volumen se han organizado los trabajos en tres apartados, el primero de los cuales menciona los aspectos teóricos del modelo conductual, el cual abordan los trabajos de Mares, que se ocupa del modelo de afrontamiento para los padres de niños con retardo en el desarrollo, y Miranda, que analiza el empleo de las habilidades sociales en la educación especial.

En el segundo apartado se describe la aplicación del modelo conductual como una forma de continuar la tradición de investigación relacionada con esta área. Tal es el caso de Romero, Martínez y García, con el efecto del intervalo de retención en niños con problemas de aprendizaje; Estévez y Fuentes, quienes hablan de aprendizaje discriminado con procedimientos de consecuencias diferenciales en poblaciones con y sin necesidades educativas especiales; García, Romero, Alvarado y Bautista, que muestran un *trabajo de integración de los padres al manejo conductual de sus hijos autistas*, y Romero, García y Martínez, que presentan un programa de desarrollo individual: un caso de dificultades de aprendizaje escolar.

Finalmente, en un último apartado nos encontramos con la descripción y análisis de dos modelos alternativos, como en los trabajos de León sobre los procesos de crisis y de adaptación en las familias con un hijo con necesidades especiales, y de Alcaraz, con el enfoque gestáltico en la educación especial. Esperamos sinceramente que estos trabajos ayuden a ampliar el conocimiento e interés por buscar soluciones a las problemáticas que se enfrentan cotidianamente en la educación especial.

Los autores

El modelo de afrontamiento: una alternativa para el entrenamiento a padres de niños con retardo en el desarrollo

Andrés Mares Miramontes

La investigación psicológica en el campo del retardo en el desarrollo generalmente se ha caracterizado por la búsqueda de técnicas o procedimientos cada vez más eficaces para el tratamiento de las personas que lo presentan; de ahí que sea de sorprender la gran cantidad de aportes que la psicología ha hecho a este respecto durante las últimas décadas.

En particular, la psicología de orientación conductual ha dirigido sus esfuerzos hacia el desarrollo de programas asistenciales que comprenden el empleo de las técnicas de modificación de conducta, tendientes a establecer o desarrollar, en los sujetos con retardo psicológico, los repertorios conductuales necesarios para su integración social.

El entrenamiento de padres como parte de estos programas constituye sin lugar a dudas uno de los aportes técnicos y sociales más importantes e innovadores, ya que su consideración ha permitido dar respuesta a los problemas de mantenimiento y generalización de las conductas que se tratan en los programas, así como a la gran demanda de este servicio asistencial.

Existe una gran cantidad de estudios acerca de la tarea de entrenar a los padres para que funjan como partícipes en el tratamiento de sus hijos o, incluso, como los responsables directos de la planeación y aplicación del tratamiento. En la mayoría, se han encontrado resultados favorables que hablan de que dicha alternativa es viable para la solución de problemas conductuales en niños, y en ocasiones de manera más eficaz que cuando la tarea la realiza el terapeuta profesional (Bernad, Cristophersen y Wolf, 1976; Bijou, 1980; Karoly y Rosenthal, 1977; Nay, 1975; Rinn, Vernon y Wise, 1975; Wiltz y Patterson, 1974).

El resultado más común de estos entrenamientos comprende la posibilidad de crear mayor disposición en los padres para observar e intervenir de manera apropiada en el comportamiento del hijo en cuestión, además de asegurar el mantenimiento y la generalización de las conductas tratadas.

Algunos de los estudios (Koegel, Glahn y Nieminen, 1978; Nay, 1975; O'Dell, Flynn y Benlolo, 1974) que muestran cuáles de las técnicas utilizadas en los entrenamientos de padres aseguran mejores resultados han encontrado que el uso de un paquete de técnicas en el que se consideran instrucciones, modelamiento y juego de roles, por lo menos, es más efectivo que el uso de cualquiera de ellas empleadas de manera aislada, debido a que, con el paquete, se facilita la aplicación de lo requerido y se posibilita la generalización y el mantenimiento de los resultados del entrenamiento.

Dentro del área de los problemas de desarrollo psicológico, no todos los entrenamientos para padres persiguen los mismos objetivos; algunos sólo consideran a los padres en cuanto a los aspectos técnicos de la planeación, el mantenimiento y generalización del programa dirigido a su hijo; otros los emplean como agentes directos para el logro de algún cambio en la conducta de su hijo como parte del programa asistencial, y están aquellos donde se capacita a los padres para que funjan como los principales terapeutas y educadores de sus hijos. Por fortuna, ha habido resultados favorables en tal labor, aunque obviamente no como se desearían, ya que la cooperación y el compromiso de los padres no siempre puede asegurarse por el mero hecho de adiestrarlos en el manejo de técnicas o programas de reeducación.

Sin pretender desconocer los beneficios del entrenamiento a padres sobre la enseñanza de los sujetos con retardo, es importante señalar que a la fecha presenta varias limitaciones relativas al alcance que se persigue con él; por ejemplo, el entrenamiento a un solo miembro de la familia o de la pareja impide el trabajo integrado dentro del hogar (Johnson, Whitman y Barloon, 1978). Hay algunas actividades –técnicas como las de registrar y graficar– que no es necesario inculcar a los padres, puesto que no se mantienen después del entrenamiento (O'Dell, Flynn y Benlolo, 1974); hay también resistencia de algunos padres para aprender y emplear sistemáticamente habilidades o técnicas de intervención, o bien escepticismo al entrenamiento (Karoly y Rosenthal, 1977); asimismo, se establecen habilidades para intervenir la condición del niño, mas no se crea conciencia de lo que implica la problemática en general. Dichos programas son sólo la base para crear procedimientos específicos de enseñanza, y no consideran las necesidades reales por las que atraviesan los padres, por lo que decae su trabajo. Otras limitaciones son la inasistencia de los padres al entrenamiento, su deserción, la falta de disposición para realizar las tareas encomendadas, de motivación e interés respecto de su entrenamiento, y de tiempo para realizar actividades particulares con el hijo, entre otras (Mares y Hick, 1984).

La condición del niño con retardo y sus implicaciones familiares

Como profesionistas, poco nos preguntamos respecto de lo que piensan, sienten y esperan los padres de su hijo con retardo. Partimos del supuesto de que existe en ellos el interés y compromiso necesarios para, previo entrenamiento, desarrollar de forma óptima el rol requerido. Esto a pesar de saber que la interacción padres e hijos está determinada en gran medida por las actitudes que los primeros tienen hacia los segundos, por lo que emprender cualquier labor de entrenamiento sin considerarlas constituye un error, pues son ellas las que influyen significativamente en el trato cotidiano del niño.

Así, podemos decir que mucho se ha escrito sobre el retardo en el desarrollo: su etiología, evaluación y tratamiento, incluida la consideración de los familiares; sin embargo, sólo en una mínima parte se han investigado los problemas que tienen que afrontar los padres ante una situación de este tipo y, por consecuencia, el mismo hijo afectado. Pensemos que abordar este aspecto de la problemática es abordar el sentido humano del retardo, sentido hoy casi olvidado, y que cuando se presenta es más bien como discurso de orden político y moral que lejos de permitir el abordaje de los aspectos psicosociales de la situación obstruye su apreciación como parte fundamental de su estructura y significación.

En nuestra cultura, como en muchas otras, el deseo de un hijo representa para los padres la posibilidad de revancha ante la vida, para su realización; no es fortuito que se desee un hijo sano, lleno de virtudes y capacidades que lo hagan sobresalir, o al menos un hijo que sea normal, pero nunca deficiente o incapacitado. El hijo se espera por y para los padres; cuando el hijo por alguna razón no posee la condición esperada, los padres se ven afectados. Como lo señalan Carver y Carver

(1972) y Smith (1975): la inseguridad acompañará a los padres desde el nacimiento del hijo con retardo; al desconocer las causas reales de la condición del niño, muchas veces recurren a explicaciones cargadas de ignorancia y emociones destructivas. Por ejemplo, es común buscar respuestas en conductas ilícitas o vergonzosas que los cónyuges realizaron en su pasado, lo que siempre va acompañado de sentimientos de culpa y ansiedad; surgida esta condición, los padres buscan atenuarla recurriendo en ocasiones a percepciones distorsionadas de la realidad: la negación del problema, su supuesta aceptación, la sobreprotección del hijo, las falsas expectativas, son ejemplos de ello.

Socialmente se insiste en ser normal y competente; entonces cualquier cosa que indique que un niño es de alguna manera diferente interferirá ineludiblemente con su aceptación social. Casi cualquier incapacidad o impedimento puede ser estigma, y esto tiende a quitarle valor a las personas y hacerlas menos dignas. Muchas personas se sienten bastante incómodas en presencia de niños con retardo, incluso su propia familia. Por desgracia, casi siempre la presencia de un niño de este tipo suele ser origen de mucha tensión y angustia en el seno de la familia (Wetter, 1972). La principal causa de este comportamiento paterno es la inhabilidad y falta de disposición del niño afectado para aprender los modales que convencionalmente abren el camino a la aceptación y adaptación en un ambiente social (Ingalls, 1982). Por desgracia, el aislamiento social y afectivo de los niños tiende a reforzarse; entre más rechazados se sientan, más inapropiadas son las conductas que desarrollan para hacer frente a su problema. Un niño rechazado suele hacer hasta lo indecible para ganarse la benevolencia de sus semejantes; algunos optan por la agresividad para ejercer cierto control en su ambiente; otros suelen llegar a considerar que sencillamente no valen nada y se encierran en sí mismos negándose a realizar esfuerzo alguno para cambiar la situación.

Las relaciones interpersonales, las actividades, las actitudes y las expectativas de la familia determinan necesariamente su dinámica. La familia ejerce una gran influencia en los ámbitos donde se desenvuelven sus miembros; así, cada miembro, y en particular el niño, requiere de un ambiente estimulante, de una relación paterno-filial amorosa, de la atención y del interés del adulto, entre otras cosas. Si en la familia de un niño con retardo existe hostilidad, dependencia excesiva, conductas antisociales y sobre todo falta de disposición para afrontar la situación de forma apropiada, la influencia sobre el hijo no se hará esperar. Autores como Portellano (1995) y Sharp (1978) señalan que la familia proyecta sus propios temores y conflictos en el niño, detrás de los cuales se encubre un trastorno ansiógeno en cualquiera de los progenitores, quienes interpretan los fracasos del niño como una amenaza a su propia estabilidad emocional. Coronado (1984) plantea que el hogar del niño con retardo por lo general está descuidado en lo físico y en lo moral; es antihigiénico y patológicamente asfixiante. El niño, víctima de su patología, la proyecta a su alrededor y hace a su vez víctimas a sus padres, hermanos y núcleo familiar; su llegada rompe la armonía y desquicia la escenografía del hogar, convirtiendo a éste en un drama doloroso, de rechazo, frustraciones y desesperanza. El mismo autor subraya el estado de abandono físico, moral y psicológico en el que se deja al niño con retardo, así como de las agresiones y castigos de que es objeto.

En la obra de Ingalls (1982) se describe una serie de crisis que se presentan en la familia cuando se tiene un hijo con retardo; vale la pena señalarlas puesto que, como lo plantea el autor, de no superarse resultan en una afectación familiar como la que se ha descrito.

Crisis de lo inesperado

Se refiere al choque inicial resultado del cambio repentino que sufre el concepto que los padres tienen de sí mismos, de su familia y de su futuro que puede acontecer inmediatamente después del nacimiento del niño. Aquí la comunicación del médico o especialista es fundamental, ya que de la manera que se informe y de lo que se diga dependerá que los padres superen esta situación.

Existen estudios que muestran los efectos de la comunicación del médico a este respecto. Pueschel y Murphy (1976) se entrevistaron con padres de niños con retardo, a quienes preguntaron sobre la forma en la que el médico les informó de la situación de su hijo. Los resultados demuestran que la gran mayoría de los médicos son bruscos y poco precisos al comunicar el diagnóstico. Los padres reportaron que muchas veces los médicos utilizan términos despectivos e hirientes, como, por ejemplo, idiota, mongoloide, incurable. Los autores concluyen que la habilidad del médico para proveer de información y asistencia positiva a los padres en su situación inicial determina en gran medida la subsiguiente adaptación y acciones de los padres.

Lipton y Svastad (1977) realizaron un estudio similar con resultados semejantes, aunque señalan que las características de los padres desempeñan un papel importante en el momento de la comunicación. Padres con capacidad emocional adecuada se prestan más a la comunicación franca y abierta con el médico en el difícil momento del diagnóstico; no obstante, la vaguedad de la información, la falta de especificidad, caracteriza a los médicos. Esto probablemente –como lo señalan los autores– se debe a su formación y escasa experiencia con estos casos, por lo que no tienen idea sobre cómo tratar y orientar a los padres en estas situaciones; incluso, en el colmo de la ignorancia, muchos médicos sostienen la idea de que los sujetos con retardo son de por sí enfermos incurables, y por lo tanto creen que es inútil cualquier tipo de educación, y así lo manifiestan a los padres.

Crisis de los valores personales

Se refiere a las diversas tensiones que resultan de la situación de conflicto de valores en la que se hallan los padres del niño con retardo. Los valores convencionales indican que el niño debe ser inteligente, despierto, ingenioso, sano y, por qué no, atractivo, bonito; si, por el contrario, los padres tienen un niño torpe, lento, físicamente poco desarrollado, el choque de valores sobreviene.

Muchos padres nunca logran modificar su forma de pensar y sentir este cambio de valores; en consecuencia, abrigan sentimientos ambivalentes hacia su hijo con retardo (Mares, Malagón y Jiménez, 1991). Sentimientos de cuidado y protección coexisten y se mezclan con los de rechazo y desatención. Los padres se sienten obligados a amar a su hijo, ayudarlo, pues así está estipulado socialmente; sin embargo, por otra parte, suelen sentir rechazo hacia él. Son múltiples los ejemplos que reflejan esta ambivalencia, aunque el hecho más evidente es la falta o tipo de expectativas de los padres respecto del niño con retardo; social y culturalmente el niño no existe más que como enfermo o incapacitado. El trabajo para la formación del niño es, según muchos padres, cuestión de los especialistas, a quienes delegan esta responsabilidad; no es de extrañar, entonces, que los padres se conviertan en buscadores de servicios que, por sus características de atención, los refuercen en esa actitud.

Crisis de la realidad

Después de que se les ha dado la noticia y de que han afrontado o no la crisis de valores, los padres se ven obligados a responder a una situación demandante, es decir, a una realidad concreta. La primera situación real que deben afrontar es la económica; luego la educativa y de servicios asistenciales que requerirá el hijo tras su integración a la familia y a la sociedad; no todos los padres correrán con la misma suerte: habrá quienes por cuestiones económicas no sólo desistan sino que se olviden por completo de las posibilidades de tratamiento que existen para estos casos; y habrá otros que contando con todas las condiciones para hacer frente a la situación fabriquen un ambiente ortopédico para su hijo, incluso en lo afectivo y lo emocional.

Estas crisis, con todo lo que implican, terminan siendo una condición con la que tienen que lidiar a diario los padres. Aunque algunos autores –como Laurence (1972) y Mc Michael (1971)– señalan que las experiencias por las que atraviesan los padres en estas situaciones les permiten desarrollar capacidades emocionales y habilidades de comunicación familiar, aunque los resultados de investigaciones al respecto –Leyendecker, (1982), Roesel y Lawlis (1983), Stein (1983) y Turk (1964)– muestran la otra cara de la moneda: desajustes emocionales y sexuales, divorcios, problemas de comunicación, entre otros, son efectos que tiene un niño incapacitado sobre su familia.

Las disfunciones familiares e individuales por lo común son consecuencia de las situaciones estresantes ante las cuales los padres no cuentan de inmediato con respuestas que les permitan afrontarlas, por lo que se hacen cada vez más problemáticas y riesgosas para el equilibrio y la seguridad de la estructura y la dinámica psicológica de la familia. En particular son las madres, por el rol que se les asigna socialmente, quienes presentan más efectos perjudiciales por el estrés que implica el cuidado diario del hijo con retardo; ellas se asumen como más neuróticas en comparación con los padres, por lo general reportan tener más problemas y mayor preocupación acerca de todo lo referente al hijo con retardo, pero en especial sobre las demandas extraordinarias de tiempo y energía, la atmósfera de tensión en la casa, y la presión en los cuidados del hijo (Hanzlik y Stenson, 1986; Quirk y Sexton, 1984; Tarvormina, Boll, Bunn, Luscomb y Taylor, 1981).

Parecería que son solamente los padres los que se ven afectados por la condición del retardo de su hijo, pero esto no es así. Afleck, Allen,

McGrade y McQueney (1972) reportan que las percepciones de los padres sobre el desarrollo del niño sirven como mediadores cognoscitivos de sus interacciones; es decir, la manera como ellos perciben al niño media la relación que establecen con él. En su estudio encontraron que las madres que perciben a sus hijos poco predecibles por considerarlos torpes, inquietos o impulsivos, muestran restricciones significativas respecto de las actividades del niño. De acuerdo con Perron (1983), las actitudes sociales, reflejadas en los padres, relativas a la condición del sujeto con retardo, pesan sobre la autopercepción de éste. El rechazo y demás estereotipos provenientes de un contexto social repercuten en el seno familiar y terminan por constituir el ambiente en el cual se concebirá el sujeto, presente o no retardo; el autor señala que es muy probable que los propios padres sean quienes enseñen al niño a percibirse y actuar como disminuido.

Masters, Cerreto y Mendlowitz (1983) plantean que el comportamiento de los niños en situaciones inesperadas y de conflicto está en función del comportamiento que muestren los padres. Si el comportamiento de éstos se caracteriza por la falta de habilidades de afrontamiento y competencia, los hijos responderán de manera similar. Esto permite suponer que si los padres se hallan en conflictivo, carentes de modelos de conducta eficiente o al menos apropiados, durante las situaciones que se relacionan con el hijo con retardo –incluida esta condición–, entonces el retardo, como problema de aptitud y disposición al aprendizaje, será, en gran medida, aunque sin ser su propósito, determinado por ellos.

Esto nos indica que el contenido de los entrenamientos para padres debe comprender algo más que las cuestiones de enseñanza al niño con retardo; es decir, debe considerar los diferentes aspectos de la problemática, sobre todo aquellos en que están involucradas las dificultades de afrontamiento de la familia; de esta forma tanto el niño como los padres serán el blanco, la meta de la intervención especializada.

Acerca del afrontamiento en el entrenamiento a padres de niños con retardo en el desarrollo

El modelo de afrontamiento ha tenido importancia en el campo de la psicología desde las últimas décadas del siglo pasado. Primero significó un concepto organizativo en la descripción y evaluación clínica y, actualmente, constituye el centro de toda una serie de intervenciones terapéuticas y programas educativos tendientes a desarrollar en los individuos habilidades conductuales que les permitan hacer frente a situaciones extraordinarias de conflicto (Lazarus y Folkman, 1984).

El enfoque conductual cognoscitivo plantea que el afrontamiento es una habilidad que comprende tres componentes: planeación, ejecución y valoración de las respuestas que permiten el éxito o fracaso de los individuos en cuanto al esfuerzo por realizar ante una situación inesperada de conflicto (Burish y Bradley, 1983; Nerenz y Leventhal, 1983). Por lo tanto, se entiende que el afrontamiento no es una conducta en particular, sino un proceso conductual cognoscitivo que hace referencia a: *1)* Las observaciones y valoraciones relacionadas con lo que el individuo realmente hace o piensa, en contraposición con lo que por lo general ha hecho o haría en determinadas situaciones; *2)* El análisis del contexto particular que se afronta, ya que cuanto más exacto es el conocimiento de éste, más fácil resulta responder a las demandas del entorno, y *3)* Los cambios constantes que el proceso implica, puesto que durante la relación entre el individuo y su entorno las estrategias van cambiando, ya que su empleo está en función de sus efectos ante situaciones particulares.

De acuerdo con esta concepción, el afrontamiento se extiende con el tiempo y sufre cambios, es decir, no son actos ni pensamientos rígidos: lo que pudo ser en un tiempo una estrategia de afrontamiento útil para un tipo de problema o para una población pudiera no ser pertinente en otras ocasiones. Esto significa que ninguna estrategia se considera inherentemente mejor que otra. La calidad de una estrategia –su eficacia o idoneidad– está en función de sus efectos en una situación determinada (Pearling, Menaghan, Lieberman y Mullan, 1981; Pearling y Schooler, 1978). Los estudios sobre la enseñanza de habilidades de afrontamiento muestran que han resultado ser una alternativa viable para la solución de los aspectos psicológicos comprendidos en situaciones inesperadas de conflicto, que además permiten beneficiar estados de salud física alterados (Burish y Bradley, 1983; Moos, 1977; Prokop y Bradley, 1981; y Stone, Cohen y Adler, 1979).

Las habilidades de afrontamiento que se enseñan en los diferentes programas varían dependiendo de la población con la que se trabaja y el tipo de problema que se enfrenta, ya que de esto se derivan los objetivos. Por ejemplo, en pacientes con dolor crónico se considera el adiestramiento en control de la atención o la relajación, mientras que para los sujetos que han de controlar la ira o la agresión, el desarrollo de habilidades de comunicación es lo más empleado. En los casos de víctimas de abuso, pérdidas, etcétera, se utiliza la relajación al inicio de un adiestramiento, complementándose con habilidades en solución de problemas y la reestructuración cognoscitiva en una etapa posterior

Por lo general, para la enseñanza de estrategias centradas en la manipulación directa del problema se ha considerado el entrenamiento en habilidades en solución de problemas, de comunicación, sociales y asertividad; respecto de las centradas en la regulación de las cogniciones y el malestar, el entrenamiento en reestructuración cognoscitiva, relajación, autocontrol y automonitoreo, ha sido lo más empleado.

Si se considera que en la familia de un niño con retardo existe una condición de constantes situaciones conflictivas inesperadas, cabe suponer que sus integrantes deban de contar con cierta disposición al aprendizaje de estrategias de afrontamiento, tanto para ayudar de manera eficiente al niño como a ellos mismos, a fin de no verse involucrados en problemáticas que son resultado de su falta de habilidades. No se trata de la enseñanza de respuestas específicas que busquen el éxito o el control de la situación, sino más bien del desarrollo de habilidades de afrontamiento, en términos de una aptitud funcional que permita a los padres construir las respuestas que en su momento les exija cada una de las situaciones para afrontar.

Independientemente de cualquier definición, sabemos que una aptitud funcional comprende la puesta en práctica de una variedad de habilidades tendientes a elaborar o construir respuestas particulares para situaciones específicas. Es precisamente esta condición psicológica la que permite que el afrontamiento pueda resultar en un comportamiento constructivo, pues el grado de operatividad de las habilidades comprendidas determina los estilos y la calidad de las respuestas.

Por lo general, los padres de un niño con retardo se preocupan más de las consecuencias de una situación de conflicto que de ocuparse de ella. Esto no es fortuito, ya que la forma en que se nos enseña, lo que se nos enseña y las razones que se nos dan de esta enseñanza, nos hacen responder de manera estereotipada para sobrevivir socialmente, asumiendo lo dado como verdad absoluta y ajustándonos a ella, sin dar lugar a las posibilidades de percibir, analizar y actuar de tal modo que lo inesperado de una situación conflictiva se transforme cada vez más en algo productivo y menos perturbador.

Si lo que pretendemos con el desarrollo de habilidades de afrontamiento es que los padres del niño con retardo sean eficientes, estratégicos, autosuficientes e independientes en cuanto al trato diario que debe caracterizarlos en su relación con el niño, podremos lograrlo en la medida en que consideremos lo siguiente: *1)* El entrenamiento y la práctica de habilidades genéricas, tanto conductuales como cognoscitivas; *2)* La instrucción en la revisión y la supervisión de estas habilidades, y *3)* La información y los conocimientos relacionados con la significación y los resultados de estas actividades y su utilidad. De lo que se trata es de promover en los padres cierta condición de operatividad como estructura psicológica o aptitud funcional y no sólo como simples respuestas.

Las habilidades genéricas mínimas necesarias que debe comprender un programa de entrenamiento para padres en habilidades de afrontamiento son las siguientes.

Habilidades de significación y resignificación

Los padres, al encontrarse ante situaciones inesperadas de conflicto por la condición del hijo con retardo, se ven afectados tanto individual como socialmente; por tanto, es importante que valoren, signifiquen o resignifiquen, en forma realista, las situaciones en cuestión con base en los elementos que les son propios como personas. Una situación que no se reconoce o asume a partir de lo que es, difícilmente puede afrontarse. Ideas, conocimientos, expectativas, estados emocionales, deben conceptuarse y corresponderse a los hechos tal cual son.

Habilidades de formulación, delimitación y elección de objetivos

Una situación se evalúa y se define a partir de su conocimiento. Que los padres conozcan los elementos e implicaciones de una situación permite formular, delimitar y elegir los objetivos que pretenden cubrir, orientando la construcción de sus esfuerzos. Los padres deben trazarse metas que realmente puedan y deseen cumplir, así como seleccionar los tiempos y los espacios apropiados para ello. De esto depende el éxito de su comportamiento en cuanto a la ayuda que proporcionen al niño, como a ellos mismos.

Habilidades de organización, transferencia y regulación de respuestas

No siempre es posible deshacernos de ciertas condiciones para sentir menos perturbadora una situación conflictiva; sin embargo, algunas habilidades como la autoevaluación de recursos conductuales y cognitivos, disponibles como repertorios, nos permiten en un momento dado establecer o elaborar una funcionalidad distinta de nuestras respuestas. No se trata de que los padres adquieran nuevas respuestas, sino más bien de que transfieran sus habilidades empleadas en determinadas áreas a otras donde también podrían ser útiles; o bien de crear la funcionalidad requerida para ciertas situaciones. Por ejemplo, los padres pueden tener paciencia, ser atentos y enseñar apropiadamente al hijo que no presenta problemas de desarrollo, pero cuando se trata de relacionarse con el hijo con retardo son completamente lo contrario; de esta manera, no se trata de que los padres adquieran habilidades; cuentan con ellas, sólo se procura enseñarles su empleo con el hijo en cuestión.

Habilidades de elaboración y aplicación de planes de acción

Es preciso que los padres construyan y elijan las formas de acción más apropiadas para hacer frente a los diferentes aspectos de una situación; en particular aquellas que corresponden a los objetivos que se han propuesto alcanzar. Deben ser ellos quienes construyan y ejecuten los planes de acción necesarios.

Habilidades de apoyo motivacional

Diversos factores disposicionales se encuentran presentes en las situaciones que viven los padres de un hijo con retardo: miedo, asombro, ansiedad, estrés, entre otros, son condiciones que pueden enfrentar los padres mediante habilidades de autocontrol o relajación, las cuales permiten contrarrestar su efecto perturbador sin obstruir el desarrollo de otras habilidades de afrontamiento.

Habilidades de enseñanza

Los padres se enfrentan a una situación que demanda su participación continua en cuanto a la enseñanza de repertorios conductuales y cognoscitivos al niño; esto hace necesario que los padres aprendan y sean hábiles en el manejo de técnicas y estrategias de enseñanza, así como en la evaluación de sus alcances y la factibilidad de su aplicación.

Los métodos para la instrucción en los programas de enseñanza de habilidades de afrontamiento pueden ser variados; sin embargo, lo importante es que se ajusten a las características de la población que requiere este tipo de atención. El entrenamiento debe centrarse en la práctica, en el conocimiento de sus resultados e implicaciones y en la significación que tenga para los padres, pues esto les permitirá ser responsables de su propio aprendizaje y actuación frente al niño.

A manera de conclusión

Se supone que es a partir de los descubrimientos científicos que las capacidades humanas empiezan a explorarse en forma racional y ordenada, de donde derivan el reconocimiento y la justificación de las diferencias individuales.

La aplicación de escalas de evaluación del desarrollo psicológico, de medición de la inteligencia, exámenes, concursos, entre otras acciones promovidas institucionalmente, representan el instrumento que garantiza, por su función selectiva, la identificación y ubicación de los más aptos, en términos de sus competencias o nivel de desarrollo, y por exclusión, a los incapacitados o con retardo.

Sin duda, la situación del niño con retardo psicológico constituye uno de los problemas más significativos que plantea en la actualidad la educación a padres, maestros, pedagogos. Las nociones de incapacidad, que eran fundamentalmente médicas, procedentes de un diagnóstico físico o psiquiátrico, se han extendido a tal grado que no hay niño que escape a este tipo de evaluaciones, trátese de valoraciones de sentido común o de orden científico.

La presencia de un niño con retardo psicológico en la familia inquieta a padres y demás miembros de ella, quienes llevan consigo un conjunto de normas y estándares con los que evalúan la propiedad de las conductas del niño. Ayudados por el especialista establecen juicios sobre lo que se considera normal –y por consecuencia anormal–; esto no siempre resulta ser acertado, ya que la existencia de problemas está tan difundida que cualquier desviación del niño puede ser considerada anormal, y lo que es más: se estigmatiza la condición del niño y se actúa en consecuencia; encubriendo las condiciones sociales y familiares que, en su momento, determinan la aparición de las desviaciones.

La falta de conocimientos, orden y organización del sentido de responsabilidad de los padres de un niño con retardo, así como el hábito generalizado de vivir por impulsos sin tomar en cuenta las implicaciones de sus actos, conducen al niño a funcionar sólo de acuerdo con lo necesario para él: lo vuelven inepto para adaptarse y funcionar de manera competente en un ambiente social.

Tomar en cuenta a los padres en el tratamiento de los problemas de desarrollo de estos niños representa un gran acierto de la psicología; sin embargo, no es suficiente su entrenamiento en aspectos de enseñanza instruccional para el niño. La problemática que representa la condición de un niño con retardo no sólo comprende sus "incapacidades", sino también las de quienes las han formado; en este sentido, los padres obtendrán más y mejores beneficios en la tarea formativa del niño si cuentan con las habilidades de afrontamiento necesarias para este tipo de situaciones. Por lo tanto, se considera que el entrenamiento para padres de niños con retardo en este tipo de habilidades representa una opción viable para crear el ambiente cotidiano en el que podrían superarse los problemas de retardo del niño, ya que les permite conocer las verdaderas causas de los problemas a los que se enfrentan e intervenir de forma adecuada en ellos. Con el entrenamiento en habilidades de afrontamiento no se pretende que los padres cambien su papel al de maestros o especialistas; la intención más bien es orientarlos para que, como agentes socializadores primarios y responsables de la crianza del niño, le den sentido al aprendizaje diario, sin descuidar las relaciones de afecto ni interés relativas a su desarrollo psicológico.

Tratamos de una afectación que caracteriza tanto al niño con retardo como a su familia; de ahí que sea difícil precisar *a priori* dónde comienza el problema del niño y dónde el de los padres; por eso, la interacción entre ellos debe considerarse como la unidad de análisis de nuestro trabajo.

Bibliografía

Affleck, G., Allen, D., McGrade, B., y McQuelney, H. (1972). Home environments developmentally infants as a function of parents and infants characteristics. *American Journal of Mental Deficiency, 86*, 445-452.

Bernard, D.J., Christophersen, R.E., y Wolf, M.M. (1976). Parent-mediated treatment of children's self-injurious behavior. *Journal of Pediatric Psychology, 1*, 56-61.

Bijou, S.W. (1980). Teaching the retarded child at home. Documento presentado en *International Symposium on Personal Training of the Mentally y Retarded*. Tokyo, Japan. Febrero (inédito).

Burish, G.T., y Bradley, A.L. (1983). *Coping with chronic disease. Research and applications*. New York: Academic Press.

Carver, N., y Carver, J. (1971). *The family of the retarded child*. Syracuse: Syracuse University Press.

Coronado, G. (1984). *La educación y la familia del deficiente mental*. México: SECSA.

Hanzlik, J.R., y Stevenson, M.B. (1986). Interaction of mothers with theirs infants who are mentally retarded whit cerebral palsy or no retarded. *American Journal of Mental Deficiency, 90*, 513-520.

Johnson, M. (1972). Operant techniques in parent training: A critical review. Kansas: Department of human development, University of Kansas.

Johnson, R.M., Whittman, L.T., y Barloon, N.R. (1978). A home-based program for a preschool behavioral disturbed child with parents as therapist. *Behavior Therapy and Experimental Psychiatric, 9*, 65-70.

Ingalls, P.R. (1982). Retraso mental. La nueva perspectiva. México: Manual Moderno.

Karoly, P., y Rosenthal, M. (1977). Training parents in behavior modification: Effects on perception of family interaction and deviant child behavior. *Behavior Therapy, 8*, 406-420.

Koegel, R., Glanhn, T., y Mieminen, G. (1978). Generalization of parent training results. *Journal of Applied Behavior Analysis, 11*, 95-109.

Laurence, K.M. (1972). The changing problem of spina bifida. En Mc F. Mlachlan. *Patient, doctor, society: A symposium of introspections*. London: Oxford University Press.

Lazarus, R.S., y Folkman, S. (1984). *Stress, appraisal and coping*. New York: Springer.

Leyendeecker, C.H. (1982). Psychological effects of mental handicap upon the family. *International Journal of Rehabilitative Research*, 5, 533-537.

Lipton, H.L., y Svarstad, B. (1977). Sources of variations in clinician communication to parents about mental retardation. *American Journal Mental Deficiency*, 82, 155-161.

Mares, M., y Hick, B. (1984). Asesoría Conductual Continua: Un programa de consulta externa. En R.G. Hinojosa y C.G. Galindo. *La enseñanza de los niños impedidos*. México: Trillas.

——, Malagón, Ch., y Jiménez, P. (1991). Trabajo presentado en el *XI Congreso Mexicano de Análisis de la Conducta*. México, Distrito Federal.

Masters, C.J., Cerreto, M. y Mendlowitz, W.R. (1983). The role the family in coping whit childhood chronic illness. En G. Burish y A. Bradley. *Op. cit.*

McMichael, J. (1971). *Handicap: A study of physically handicapped children and theirs families*. Pittsbugh: University of Pittsburgh Press.

Moss, R.H. (1977). *Coping with physical illness*. New York: Plenum Press.

Nay, R.A. (1975). Systematic comparison of instructional techniques for parents. *Behavior Therapy*, 6, 14-21.

Nerenz, R.D., y Leventhal, H. (1983). Self-regulation theory in chronic illness. En G. Burish y A. Bradley. *Op. cit.*

O'Dell, S., Flynn, J., y Benlolo, L. (1974). A comparison of parent training techniques in child behavior modification. *Behavior Therapy and Experimental Psychiatry*, 8, 261-268.

Pearling, L.Y., Menaghan, E.G., Lieberman, M.A., y Mullan, J.T. (1981). The stress process. *Journal of Health and Social Behavior*, 19, 2-21.

—— y Schooler, C. (1978). The structure of the coping. *Journal of Health and Social Behavior*, 19, 2-21.

Perron, R. (1983). Actitudes e ideas respecto de los deficientes mentales: Deficiencia mental y representación de sí mismo. En R. Zazzo. *Los débiles mentales*. Barcelona: Fontanela.

Portellano, J.A. (1995). *El fracaso escolar. Diagnóstico e intervención. Una perspectiva neurológica*. Madrid: Narcea.

Prokop, K.C., y Bradley, A.L. (1981). *Medical psychology: Contribution to behavioral medicine*. New York: Academic Press.

Pueschel, S.M., y Murphy, A. (1976). Assessment of counseling practices at the birth of a child with Down's syndrome. *American Journal of Mental Deficiency*, 81, 335- 340.

Quirk, M., y Sexton, M. (1984). Values help my mother's handicapped and nonhandicapped preescholers. *Merrill Palmer Quartely*, 30, 403-417.

Rinn, R., Vernon, J., y Wise, M. (1975). Training parents of behaviorally disorded children in groups. A three years program evaluation. *Behavior Therapy, 6*, 378-387.

Roesel, R., y Lawlis, G.F. (1983). Divorce in families of genetically handi-capped-mentally retarded individuals. *American Journal of Family Therapy, 11*, 45-50.

Sharp, M. (1978). *Psicología del aprendizaje infantil.* Buenos Aires: Kapeluz.

Smith, R.M. Family problems. R. Smith y J. Neisworth. *The exceptional child a functional approach.* Estados Unidos: McGraw-Hill.

Stein, R. (1983). Growing up with a physical difference. *Children's Health Care, 12*, 53-61.

Stone, C.G., Cohen, F., y Adler, E.N. (1979). *Health psychology: A handbook.* San Francisco: Jossey-Bass.

Tavormina, J.B., Boll, T.J., Bunn, N.J., Luscomb, R.L., y Taylor, J. (1981). Psychological effects on parents of raising a physically discapped child. *Journal of Abnormal Child Psychology, 9*, 121-131.

Turk, J. (1964). Impact of cystic fibrosis on family functioning. *Pediatrics, 34*, 67-72.

Wetter, J. (1972). Parents attitudes toward learning disability. *Exceptional Children, 38*, 490-491.

Wiltz, A.N., y Patterson, R.G. (1974). An evaluation of parents training pro-cedures designed to alter inappropiate agresive behavior of boy. *Behavior Therapy, 5*, 215-221.

CAPÍTULO 2

Empleo de las habilidades sociales en la educación especial

Víctor J. Miranda Lara

La importancia del estudio de las habilidades sociales y su entrenamiento en el contexto de la educación especial ha sido documentada en trabajos como los de Antonello (1996), Harrot y Martin (2004), Miranda (2006), Monjas (1995, 1997), Murria y Greenberg, (2006) y Sánchez (2004), donde se describen dichas habilidades como una herramienta para: *1)* Facilitar la integración de los alumnos con necesidades educativas especiales (NEE) dentro de las aulas regulares; *2)* Favorecer el desarrollo social de las personas con necesidades especiales mediante la promoción de sus relaciones interpersonales; *3)* Prevenir el desarrollo de trastornos psicológicos; *4)* Evitar la aparición de conductas antisociales y el abuso sexual; *5)* Facilitar al joven o adulto con discapacidad el proceso de ajuste a diferentes contextos como el laboral. Sin embargo, alrededor del entrenamiento de las habilidades sociales (EHS) existen controversias y problemas para su utilización; por ejemplo, Ogilvy (1994, citado en Kolb y Hanley, 2003) señala la existencia de inconsistencias entre los resultados obtenidos en los estudios de EHS y su eficacia a largo plazo, por lo que este autor duda sobre la adecuación de este tipo de entrenamiento para las poblaciones con discapacidad.

Por otro lado, Caballo (2000) indica la existencia de problemáticas de tipo metodológico acerca del uso de este entrenamiento por profesionales de la educación debido al desconocimiento de los procesos de modificación de conducta, lo que hace al EHS una tecnología inaccesible y por lo tanto desechada, aun cuando se reconocen sus beneficios.

A lo anterior se agrega el problema de la falta de adecuación de los programas de EHS ante las nuevas demandas educativas, pues –como mencionan Guevara, Ortega y Plancarte (2001) y Molina (2004)– en México se está dando la inclusión del alumno con NEE en el aula regular pero sin cubrir sus necesidades de adaptación, por lo que se prevé –y de hecho existe ya– la aparición de problemas de incompetencia social en estos alumnos. De acuerdo con Miranda (2006), el EHS no es actualmente una opción viable por los siguientes motivos: *1)* Es una tecnología más rehabilitadora que pedagógica, al necesitar de espacios y contenidos diferentes a los ya establecidos en el currículo educativo, lo que propicia la aparición de conflictos extracurriculares que entorpecen su aplicación, y *2)* Además, para que un programa de EHS sea efectivo se requiere modificar tanto el comportamiento del alumno como su contexto social inmediato –donde se incluye el personal administrativo de la escuela, los profesores, compañeros y padres–, y las actuales propuestas no cumplen con este objetivo al centrarse en la relación maestro-alumno. En resumen, según este autor, los programas de EHS deben evolucionar para cumplir con las actuales demandas educativas.

El presente trabajo se divide en tres partes para intentar dar solución a los problemas ya planteados. En la primera parte se describirá brevemente qué son las habilidades sociales y la competencia social; en la segunda se responde a qué son la evaluación y el entrenamiento de las habilidades sociales, y en la tercera parte a cuáles son las aplicaciones y los problemas de las habilidades sociales en la educación especial.

Las habilidades sociales y la competencia social

¿Qué son las habilidades sociales?

Las habilidades sociales [HS] de acuerdo con Gutiérrez y Prieto (2002) pueden ser definidas como "las conductas necesarias [que muestra una persona] para interactuar y relacionarse con los demás de forma efectiva y mutuamente satisfactoria" (p. 21). De esta definición se desglosan tres puntos importantes que conviene considerar:

1. Las HS son conductas, es decir, acciones observables, medibles y modificables adquiridas desde la infancia a partir de la interrelación del sujeto con sus medios familiar, escolar y social; la importancia de las HS radica en su adaptabilidad, dado que el sujeto mantiene estas habilidades en un proceso de transformación constante, con el fin de lograr el perfeccionamiento en su ejecución y así cubrir las demandas del contexto psicosocial al que pertenece.

2. Las HS se muestran cuando hay una situación de interrelación personal, es decir, cuando la habilidad social se centra en la expresión de sentimientos, pensamientos y en la administración del reforzamiento social en situaciones de interacción social; sin embargo –como se mostrará más adelante–, en el contexto de la educación especial es necesario que las HS se asocien con otras habilidades adaptativas para así analizar y modificar el comportamiento global de la persona.

3. El resultado de las HS es efectivo y mutuamente satisfactorio. Una característica de la persona socialmente habilidosa es su asertividad, es decir, que defiende y expresa sus derechos e ideas sin generar malestar en la otra persona. Aunque este último elemento de las HS puede ser polémico, ya que una persona puede ser socialmente habilidoso y provocar malestar en otra persona; por ejemplo: el rompimiento con la novia, donde alguna de las partes puede sentirse insatisfecha y lastimada con el resultado.

Por lo tanto, las HS son un conjunto de conductas que le facilitan a la persona mantener relaciones interpersonales efectivas, y a su vez le permiten la adaptación y la transformación de su contexto social inmediato. En la literatura suele haber confusión cuando se utiliza indiscriminadamente el término de competencia social como sinónimo de las HS, pero en realidad se trata de dos condiciones diferentes que se relacionan con la conducta social de un individuo; por ello a continuación se describen y se diferencian ambos conceptos.

¿Qué es la competencia social?

Al igual que con las HS, el concepto de competencia social [CS] se encuentra definido en razón del contexto donde es utilizado; por ello en la educación especial existen dos modelos teóricos sobre la CS, los cuales concuerdan en su objetivo final: evaluar la actuación social de la persona.

El primer modelo se llama *análisis de la tarea o interactivo,* que fue descrito por Mc Fall (1982), quien definió a la CS como *un juicio efectuado por otra persona acerca de la forma cómo uno se ha comportado* (p. 1). Es decir, la CS es un dictamen acerca del comportamiento de la persona mediante el siguiente proceso: inicialmente, se analiza la tarea, la situación y las HS requeridas; después, se realiza la elección y ejecución de la habilidad, y, por último, se evalúan los resultados y se emite el dictamen.

La importancia del modelo de análisis de la tarea se basa en la siguiente hipótesis: el dominio de los procesos de aprendizaje de las HS resulta más efectivo para la CS de las personas que la sola intervención centrada en los déficit de estas habilidades (Caballo y Verdugo, 2005), y aunque existen dudas respecto de la generalización de las habilidades (Tornero, 2002) lo cierto es que el desarrollo de este modelo resultó novedoso para la investigación de las HS durante la décadas de los ochenta y noventa; además aminoró el interés por el modelo del déficit para analizar otras posibilidades del desarrollo humano.

Otra visión de la CS es *el modelo de competencia humana*, el cual es resultado de la investigación realizada en el área del retraso mental por Greenspan (1979), quien combinó los supuestos de la conducta adaptativa y la inteligencia social para actualizar la visión del desarrollo humano; posteriormente, este modelo fue reformado por Gresham y Reschly (1988; citado en Vizacarro, 1994) y la Asociación Americana del Retraso Mental (1992) para delimitarlo en función a múltiples competencias humanas, donde se conjugan diferentes habilidades que son organizadas en dimensiones (competencias) que describen el comportamiento total de la persona. Sobre esta base la CS se define como sigue:

> Un conjunto de habilidades que abarcan múltiples facetas (competencia física, cognitiva, emocional y social) relativas a la calidad de los logros de un individuo en el desempeño de sus distintos roles sociales y que a su vez, es parte de un constructo mayor, es decir la competencia humana (Gresham y Reschly, en Vizacarro, 1994).

Para el *modelo de la competencia humana*, la CS va más allá de la evaluación de la actuación social, ya que este concepto refiere también cómo la persona integra diferentes habilidades para lograr un objetivo, y al mismo tiempo las relaciona con otras competencias; así, la importancia de la CS se basa en la predicción del desarrollo de la persona a partir de su desempeño actual, lo que permite diseñar una nueva línea de investigación acerca del desarrollo humano.

Tanto la *habilidad social* (conducta clave de intervención) como la *competencia social* (indicador del desarrollo social) forman parte de la *competencia humana*; es decir, son elementos de un mismo comportamiento (social) que están organizados de forma jerárquica para su estudio. Pero sólo la intervención realizada en las habilidades sociales de la persona promoverá un cambio en los otros niveles de su desarrollo social.

Para mostrar cómo los conceptos de HS y CS son importantes en un modelo de intervención del desarrollo social de las personas con NEE, a continuación se describen los métodos de evaluación y entrenamiento de las HS en el contexto de la educación especial.

La evaluación y el entrenamiento de las HS en educación especial

Para familiarizarse con el uso de las HS en alumnos con necesidades educativas especiales (NEE) que pertenecen al sistema de educación especial (EE), es conveniente mostrar un breve esquema de la relación entre estos dos conceptos.

Las HS y la educación especial

Resulta difícil delimitar el inicio del empleo de las HS dentro de la EE; sin embargo, autores como Marchetti y Matson (1981) y Ortiz (1995) consideran que fue debido a la combinación de los estudios de modificación de conducta en niños con retraso mental y los cambios acontecidos en los años setenta en Estados Unidos respecto de los currículos de la EE –que solicitaban la desinstitucionalización de las personas con retraso mental (RM)–, cuando se hizo evidente la necesidad de elaborar programas de intervención dirigidos a desarrollar diferentes áreas del aprendizaje, como la conducta social y la inserción laboral.

Otro elemento importante para la enseñanza de las HS en poblaciones con NEE se generó a finales de la década de los setenta y principios de los ochenta en los sistemas educativos de Estados Unidos y el Reino Unido, con la aparición de un problema recurrente relacionado con las políticas de "la corriente principal de la integración educativa". Gresham (1982) plantea que fue la inclusión, sin planeación del desarrollo social, de los niños con NEE dentro de las aulas regulares; lo que trajo consigo no sólo el rechazo e inadaptación de estos alumnos, sino que además no les facilitó la adquisición de habilidades para interactuar efectivamente con sus pares. Así, la propuesta de solución fue la aparición de programas que buscaban promover el desarrollo de jóvenes con RM, como el diseñado por Clark (1981) conocido como Career Developmental, donde se entrenaban en diferentes habilidades para la vida independiente.

Por su parte, Goldstein, Sprafkin y Gershaw (1976) desarrollaron el primer programa de EHS para la vida en comunidad para personas con RM, que sirvió de base para nuevos programas de entrenamiento en estas habilidades a diferentes poblaciones.

Desde entonces, el desarrollo y la aplicación de programas de EHS en contextos de la EE es una situación común, e incluso –como lo señala Verdugo (2002)– la adquisición y dominio de las HS son parámetros importantes para descifrar las posibilidades de desarrollo real de una persona en su futuro de mediano y largo plazos; de ahí la importancia de conocer cuáles son los elementos necesarios para desarrollarlas.

El EHS no se restringe sólo a la intervención en las personas con RM; los estudios acerca de esta técnica en personas con NEE realizados por Gresham, Sugai y Horner (2001) encontraron que su uso abarca una amplia diversidad de poblaciones, tanto por edad como por tipo de necesidad educativa, cuyo único denominador común es la problemática presente en la conducta social de los alumnos, la cual está definida conforme a los déficit o excesos que imposibilitaban que la persona mantenga relaciones sociales efectivas.

Autores como Canderella y Merrill (1997), Gutiérrez (2003), Herman y Margalit (1998) y Rosa *et al.* (2002) consideran el EHS a la manera de una tecnología que puede facilitar una mejor calidad de vida de las personas con NEE que encuentran limitado su desarrollo, ya que este entrenamiento mejora el autocontrol, la autoestima, la inteligencia emocional y la resolución de problemas.

Para ampliar lo anterior, se han retomado los trabajos de Gresham, Sugai y Horner (2001), Kolb y Hanley (2003) y Miranda (2006) para elaborar el cuadro 2.1, donde se muestra el uso del EHS en diferentes grupos de personas con NEE y los objetivos que se pretenden alcanzar.

Cuadro 2.1. Objetivos del EHS en población con NEED y NEE.

Tipo de NEE	Objetivos del EHS según la edad	
	Niños	Jóvenes – adultos
Retraso mental (leve y moderado)	Eliminar conductas Mejorar autocuidado Promover habilidades sociales *Lograr la integración social en las escuelas regulares* Iniciar y mantener amistades	Mejorar autocontrol Utilizar señales sociales y el lenguaje corporal Integrarse a ambientes laborales Buscar y mantener una pareja Desarrollar un proyecto de vida
Autismo	Eliminar conductas disruptivas o de aislamiento social Iniciar, mantener y promover el desarrollo de amistades Crear nuevos intereses y disminuir comportamientos obsesivos Reconocer y controlar sus emociones	
Ceguera, sordera	Promover el desarrollo de amistades Lograr la integración social en las escuelas regulares Desarrollar lenguaje corporal Desarrollar la autoestima	Evitar trastornos psicológicos Integrarse a ambientes laborales Buscar y mantener una pareja Desarrollar un proyecto de vida Desarrollo de redes de apoyo
Parálisis cerebral	Eliminar conductas de inadaptación Mejorar autocuidado Promover habilidades sociales	Evitar trastornos psicológicos Integrarse social y laboralmente como sea posible
Lesión medular	Las HS como una destreza para afrontar el estrés provocado por las nuevas situaciones; evitar la aparición de trastornos psicológicos; desarrollar un proyecto de vida y promover el desarrollo de redes sociales de apoyo	
Multi-discapacidad (niño sordo-ciego)	Mediante el EHS eliminar las conductas sociales de inadaptación y promover habilidades sociales, tanto como sea posible	
Trauma cráneo-encefálico	Las HS como facilitadores en la reintegración social o laboral	
Paladar hendido	Las HS como una forma de incrementar su autoestima	

Tipo de NEE	OBJETIVOS DEL EHS SEGÚN LA EDAD	
	Niños	Jóvenes – adultos
Déficit de atención con hiperactividad	Mejorar las relaciones interpersonales y la autoestima Promover el autocontrol	Evitar la aparición de comportamientos antisociales y de riesgo a la salud
Trastornos en el aprendizaje	Incrementar las habilidades académicas	Prevenir trastornos psicológicos
Problemas emocionales o de conducta	Uso del lenguaje no verbal Lograr la integración social en las escuelas regulares	Habilidades de negociación y resolución de problemas Relaciones de pareja y laborales

En el cuadro 2.1 se observan algunas de las posibilidades del empleo del EHS para diferentes poblaciones y las similitudes y diferencias entre los objetivos de intervención, los cuales abarcan desde la conducta adaptativa hasta la integración social; sin embargo, esta amplitud puede causar confusión si no se entiende que el EHS es sólo un procedimiento "guía o de anclaje" y no es la única táctica para alcanzar las metas de la conducta social de las personas con necesidades especiales permanentes.

Por otra parte, llama la atención que en el cuadro aparezca el objetivo de "Lograr la integración social en las escuelas regulares" cuando se busca que el EHS otorgue habilidades a los alumnos para ser competentes socialmente y así facilitar el proceso de integración social; este objetivo en particular es el motivo de los debates que propiciaron este trabajo y será desarrollado en un apartado especial. Pero para llegar a ese punto es necesario mostrar el procedimiento del diseño de programas de EHS y conocer algunos procesos, como la evaluación y el entrenamiento, que se describen en el siguiente apartado.

La evaluación

Para entender cómo delimitar y entrenar las HS es necesario conocer tres elementos que están relacionados entre sí:

1. *Señalar cuáles son las habilidades sociales esperadas en el sujeto respecto de su grupo o contexto de referencia,* es decir, las habilidades relativas a su edad y contexto (casa, escuela, trabajo) que utiliza en su conviven-

cia diaria. Por ejemplo, si es un niño de seis años que está en escuela, se espera de él que forme amistades, atendiendo las instrucciones de los profesores, e inicie la exploración de un contexto social diferente al de su familia y lo integre a su repertorio de respuestas; asimismo se espera el aprendizaje y desaprendizaje de comportamientos socialmente poco efectivos (Del Prette y Del Prette, 2002).

Caballo (2000) describe una serie de comportamientos para definir cuáles son las habilidades sociales en las que se debe entrenar, y establece doce categorías: iniciar y mantener conversaciones; hablar en público; expresiones de amor, agrado y afecto; defensa de los derechos; pedir favores; rechazar peticiones; hacer y aceptar cumplidos; expresión de opiniones; expresión de desacuerdos; disculparse; petición de cambio en el otro; afrontamiento de críticas. Asimismo, explica que estas habilidades deben analizarse en relación con los siguientes grupos de contacto: padres, familiares y hermanos, pareja, amigos, compañeros de trabajo, personas con autoridad, consumidores, profesionistas, niños y ancianos.

2. *Identificar cuál es el estilo de interacción que posee el sujeto a quien se dirige la intervención*; esto significa que la persona en su interacción social muestra diferentes estilos de respuesta, que mantiene como parte de su comportamiento por su efectividad y valoración (Gutiérrez, 2003). Los estilos de interacción son los siguientes:

a. El estilo pasivo. Se refiere a violación en sus derechos que permite una persona durante sus interacciones sociales; en este estilo, la persona responde a las iniciativas de otros, es poco propositivo y permite abusos.

b. El estilo agresivo. Se refiere a obtención de beneficios o metas violando los derechos de los demás; una persona con este estilo se vale de cualquier medio para obtener sus metas inmediatas, sin considerar las consecuencias futuras, como el rechazo, el aislamiento y la pérdida de amistades.

c. El estilo asertivo. Se refiere a aquellas personas que poseen las habilidades para tener relaciones sociales efectivas, satisfactorias, que defienden sus derechos sin violar los de otros; es socialmente efectiva, por lo que se obtienen beneficios inmediatos y futuros. Estas personas defienden su opinión y derechos sin agredir a otros; la palabra clave en este estilo de interacción es *negociar*.

Aun cuando la persona domine algún estilo de interacción, normalmente presenta los tres estilos, con mayor o menor frecuencia, hecho que se debe a su historia de aprendizaje y al contexto donde se desempeña.

Para ejemplificar lo anterior en la población con NEE, Caballo y Verdugo (2005) y Monjas (1995) señalan que el estilo de interacción de los niños en el medio escolar suele ser pasivo, y lo describe de la siguiente manera: los niños con retardo mental, ceguera o sordera, integrados a la escuela regular, tienen más interacción con los adultos que con sus iguales debido a la corrección que reciben; además, casi ninguno es aceptado por sus coetáneos y son aislados por no contar con las HS necesarias para interactuar eficazmente con su medio.

3. *Detallar cuáles son las habilidades y carencias que la persona posee en sus relaciones sociales.* Cuando se han identificado las habilidades y se ha definido el estilo general de interacción que la persona posee, se hace un análisis detallado sobre la historia de aprendizaje del sujeto, y sus capacidades y deficiencias en sus HS.

Para ello conviene identificar los tres tipos de unidades de análisis en las que se descompone una habilidad:

a. Molecular. Se refiere al nivel de análisis utilizado para evaluar los comportamientos específicos que el sujeto no ha aprendido. La habilidad es definida operacionalmente para su observación, medición, intervención y evaluación. Este tipo de unidad se utiliza en el modelo conductual; los instrumentos de registro utilizados para este análisis son frecuencia, ocurrencia y duración.

b. Molar. Se refiere al nivel de análisis utilizado para evaluar el comportamiento general cuando la persona presenta dificultades para desempeñar roles sociales; en esta unidad se considera que ya se poseen las habilidades, pero las interferencias cognitivas son causantes de la inhabilidad. Busca contextualizar la habilidad y rescatar la mediación cognitiva en el desempeño de la conducta social; además, la habilidad es autoevaluada en situaciones donde se presentan dificultades mediante el uso de autorreportes e inventarios.

c. Intermedia. Es la unión de las dos unidades anteriores, aunque esta unidad responde al modelo cognitivo, que utiliza la observación y la referencia verbal como elementos importantes.

La elección de la unidad depende en gran medida de los objetivos del investigador, ya que cada nivel de análisis presenta su propia dificultad. Una vez seleccionada se clarifican los componentes del entrenamiento. A continuación se describe el entrenamiento de esas habilidades.

El entrenamiento de las habilidades sociales (EHS)

García y Gil (1998) explican que cualquier programa de EHS tiene como objetivos principales que la persona: *1)* Adquiera y domine los componentes de las HS, presentándolos en secuencia correcta, sin ayuda ni supervisión; *2)* Exhiba las HS de manera adecuada después de analizar las circunstancias de la situación real y ajuste su comportamiento a dicha situación, y *3)* Reproduzca las HS de forma espontánea en otros momentos y ambientes (fundamentalmente en situaciones cotidianas para el sujeto). Estos puntos son importantes, ya que se espera que con su cumplimiento la persona entrenada o el grupo obtengan beneficios inmediatos y futuros.

Para entrenar las HS se suelen utilizar algunas estrategias: *1)* Adaptar un programa de entrenamiento ya definido, o *2)* Desarrollar un programa de entrenamiento específico. Algunos de los programas de EHS disponibles en la EE son para niños y adolescentes con ceguera (Caballo y Verdugo, 2005), y para jóvenes con retardo mental (Goldstein, Sprafkin, Gershaw, 1976; Gutiérrez y Prieto, 2002; Verdugo, 1997); respecto de la integración de alumnos con NEE se encuentra el trabajo de Monjas (1999) con EHS para niños.

Sin embargo, hay problema al utilizar los programas ya elaborados sin la adaptación metodológica necesaria, es decir, sin considerar las características culturales propias de las personas a quienes se va a entrenar, ya los contenidos del programa y la realidad social a la que están expuestos se encuentran desfasados, por lo que es necesario que el profesional ajuste el programa antes de utilizarlo.

Otra alternativa sería desarrollar un programa de intervención personalizada; para ello, Vizcarro (1994) propone la identificación de cuatro tipos de déficit que pueden ayudar a desarrollarlo: *1)* Falta de repertorios adecuados, cuando simplemente la habilidad social específica no existe pero sí hay otras HS: la intervención se centra en modificar las características del medio que impiden la aparición de la habilidad; *2)* Déficit primario, cuando nunca se ha aprendido la habilidad en cuestión: la intervención se enfoca en enseñar la habilidad; *3)* La presencia de alguna interferencia para la ejecución de la habilidad, provocada por problemas como la ansiedad: la intervención se basa en eliminar dicha obstrucción; *4)* El déficit combinado, donde la ejecución de la habilidad y la interferencia de factores externos e internos son la causa del problema: el tratamiento consiste en identificar la conducta clave que solucione el otro problema.

Una vez identificado el tipo de problema que impide la ejecución de la habilidad es necesario elegir la técnica más apropiada para solucionarlo. Existen tres tipos de intervención para enseñar habilidades, que Miranda (2006) clasifica en conductual, cognitiva y de modificación del ambiente; las dos primeras tienen como centro a la persona, mientras que la última se involucra con el contexto social donde se desenvuelve el sujeto.

a. Las *técnicas conductuales* son apropiadas para la adquisición de las HS que el sujeto no posee en su repertorio; en un inicio, mediante estas técnicas la persona puede adquirir las destrezas requeridas en contextos muy controlados y estructurados, y después en otros entornos y situaciones. Normalmente estas técnicas son asequibles a cualquier educador; no implican materiales excesivamente sofisticados y sus resultados pueden ser muy exitosos; la clave está en su aplicación sistemática e intencionada.
b. Las *técnicas cognitivas* tienen como objetivo principal modificar los procesos del pensamiento que interfieren en el desempeño del sujeto, para así lograr las HS deseadas.
c. Las *técnicas para el control del entorno*. Si bien el manejo adecuado de estímulos y contingencias ambientales puede fortalecer el repertorio de HS de un sujeto, las características del contexto son vitales para el mantenimiento de las conductas objetivo; su control resulta imprescindible durante la fase de entrenamiento.

Así, cualquier EHS debe producirse en un contexto acogedor en el que todos los alumnos se sientan respetados, apoyados y aceptados, para obtener los resultados que se desean. En el cuadro 2.2 se resumen los tres métodos y sus técnicas de entrenamiento.

Cuadro 2.2. Métodos y técnicas del EHS.

Objetivo	Método	Utilidad	Técnicas
Modificar la conducta de la persona	Conductual	Son apropiadas para la adquisición de las HS que el sujeto no posee en su repertorio	* El modelamiento * El juego de roles * La retroalimentación * Reforzamiento * Instrucción * Instigación
	Cognitivo	Modifican los procesos que interfieren en el desempeño social del sujeto	* Técnicas de relajación * Reestructuración cognitiva * Resolución de problemas * Autocontrol
Modificar el ambiente y/o la conducta de la persona	Control del entorno	Permiten mantener el control sobre la habilidad entrenada en el sujeto	* Clima de relación positiva * Actividades de colaboración * Tutoría por iguales * Contexto facilitador y reforzante * Entrenamiento en transferencia

Los anteriores métodos sirven como guías de intervención; no se utilizan necesariamente todos, y es indispensable establecer primero cuáles son las características conductuales de la población donde se va intervenir para delimitar el paquete de técnicas; de ahí deriva el mayor problema para utilizarlos en personas con discapacidad. Este problema se aborda en el siguiente apartado.

Las dificultades del EHS en la educación especial

Las dificultades del EHS en la educación especial se dividen en dos aspectos relacionados: primero, las características de aprendizaje y el estigma que existen en relación con el término necesidad especial; segundo, la integración o inclusión de alumnos con discapacidad en el aula regular. A continuación se analizan estas problemáticas y sus posibles soluciones.

El EHS y los alumnos con NEE permanentes

Al inicio de este trabajo se mencionó que se tienen dudas sobre la utilidad de largo plazo del EHS en poblaciones con discapacidad. Ogilvy (1994, citado en Kolb y Hanley, 2003) realizó un metaanálisis estadístico de varios estudios de EHS para estas poblaciones, y encontró nulos resultados en los efectos de generalización de dichas habilidades; es decir, que los efectos del entrenamiento de estas habilidades no van más allá de la intervención.

En defensa del EHS, Gresham, Sugai y Horner (2001) mencionan que esos resultados se deben a fallas en la metodología utilizada, tanto al analizar las HS como por homogenizar los grupos de personas con diferentes NEE, ya que según estos autores son varios los factores que deben considerarse al realizar un análisis de la efectividad de esta técnica que inicia con la identificación del tipo de déficit en HS que presente la persona, así como los procedimientos adecuados para entrenar dichas habilidades; además de que aún cuando se habla de un grupo de personas con NEE, lo cierto es que cada sujeto tiene condiciones sociales y de aprendizaje diferentes, que se reflejan en su desempeño cotidiano.

Cartledge (2005) y Kolb y Hanley (2003) señalan como otra de las deficiencias del EHS la tendencia de los programas de intervención a centrarse en el sujeto con NEE y no en su entorno; es decir, por ellos estos programas minimizan la participación de la familia como parte del entrenamiento, cuya influencia sobre el desempeño social del sujeto es determinante.

Otro aspecto, según Willams y Reisberg (2003), que cuestiona los programas de EHS es la falta de estructura en sus diseños para formar parte de los currículos regulares de la educación, pues han sido pensados para intervenciones de tipo clínico en un contexto apartado del cotidiano de la escuela; también cuestionan su relación con la integración educativa.

El EHS y la integración educativa

Varios estudios, como los de Godfrey (2005), Gresham (1987) y Harriott y Martin (2004) han discutido sobre las posibilidades y limitaciones de los programas de EHS en el contexto de la integración educativa (IE), y muestran evidencia de cómo el uso de estas habilidades facilita la transición de un contexto de EE a uno de IE, lo que propicia nuevos retos en la educación y el desarrollo de estos alumnos.

Según García, Herrera y Escandón (2000), la IE es posible si se promueven acciones educativas y administrativas que permitan reconocer la importancia de la individualización en el proceso de enseñanza, para adecuar los contenidos educativos a la persona y terminar con las fallas de otros métodos ya utilizados; además, es conveniente retomar algunos elementos como son la inclusión en el aula del alumno con necesidades especiales, el reforzamiento de la idea de que en el aula regular se trabaje "creativamente", en conjunto, el profesor, el alumno y la familia para lograr el máximo posible de los resultados.

Así pues, el primer paso para la IE es precisar las necesidades, potencialidades y expectativas de cada persona mediante una amplia evaluación que facilite la definición de las acciones y la toma de decisiones acerca de quién requiere sólo de apoyo y quién necesita supervisión de tiempo completo, lo que se convierte en un reto para los profesores y profesionales que buscan integrarlos en la escuela y la sociedad.

Caballo y Verdugo (2005) y Monjas (1999a) señalan que la IE en España ha beneficiado la calidad de vida y la enseñanza del alumno con NEE permanentes, pero mencionan que la sola inclusión de estos alumnos en el aula regular no es suficiente por las siguientes razones:

1. Los niños con NEE permanentes tienen un menor número de interacciones en comparación con sus coetáneos, a causa de las pocas oportunidades que tienen de aprenderlas o de mejorar sus repertorios; los comportamientos van desde el aislamiento hasta la disrupción y la agresión.
2. La mayoría de sus interacciones sociales las realizan con adultos, en una posición pasiva, y suelen componerse generalmente de llamadas de atención y represión hacia ellos.
3. En el caso de los niños que interactúan con sus pares con NEE permanentes, se ha observado que muchos tienen baja aceptación

dentro del grupo de iguales, por lo que este tipo de interacción sólo agrava el problema.

4. En la mayoría de las actividades en grupo el niño no participa activamente, debido a que no se adecuan las actividades para estos niños.

5. Cuando una deformidad asociada con la NEE del niño afecta su apariencia física existe rechazo de los compañeros, que puede ser evidente o simulado.

Lo anterior se confirma con los resultados de un estudio sociométrico realizado por Monjas (1995) en aulas integradas por niños con NEE, donde se observaron los siguientes resultados: 14% de los alumnos "normales" aceptaba su inclusión en el aula, 8% era controvertido en su opinión, 10% los ignoraba, pero la mayoría del grupo (68%) los rechazaba; en total se obtuvo que 86% de la población encuestada no aceptaba a estos niños en la escuela regular.

Estos resultados coinciden con las opiniones de Verdugo, Jenaro y Arias (1995), para quienes las actitudes y prejuicios acerca de lo que pueden o no realizar las personas con discapacidad limitan su desempeño y adaptación social. Monjas (1995), por su parte, señala que una de las causas de los problemas de la adaptación social de los alumnos con NEE permanentes se encuentra en su desempeño dentro del aula, el cual se califica como muy inferior, incluso aun cuando se compara con alumnos que muestran ser socialmente inhábiles.

Monjas (1997) señala que en un estudio donde se midieron las actitudes de los profesores hacia sus alumnos con y sin NEE se encontró que los docentes calificaban como inhábiles o tontos a aquellos niños con déficit en las habilidades para relacionarse con los demás, al no mostrar conductas interactivas, como iniciar conversación o sonreír, mientras los niños con discapacidad muestran conductas interpersonales inadecuadas como déficit en conductas motoras o excesos en conductas esteriotipadas que desagradan a los demás.

Además, Herman y Margalit (1998) observaron que estos alumnos carecen de conductas cognitivas y emocionales adaptativas, ya que algunos presentan emociones disfuncionales (como ansiedad y depresión) que interfieren con las HS y su comportamiento en general.

Gresham (1982) considera que la simple inclusión en aulas regulares de los alumnos con NEE no es suficiente para incrementar su competencia social; que es importante desarrollar en el alumno porque permite predecir su adaptación futura a las demandas sociales fuera del contexto escolar.

Monjas (1999) considera que para lograr lo anterior es necesario realizar cambios dentro del contexto escolar como los siguientes: *1)* Impartir clases de EHS de manera regular; *2)* Utilizar espacios diferentes de la escuela y de la casa para aplicar dicho programa; *3)* Valorar dentro del currículum regular la enseñanza de programas EHS, y *4)* Establecer este tipo de programas de forma sistematizada y adecuada a las situaciones específicas, donde las características de interacción particulares de la persona guíen el trabajo y no la clasificación de la NEE.

Sin embargo, diseñar un programa de EHS con estas características requiere, entre otros elementos, que el profesional posea amplios conocimientos sobre la conducta social en que entrenará y la destreza para identificar los elementos curriculares que permitan incluir el entrenamiento dentro del currículo regular de enseñanza (Willams y Reisberg, 2003).

Este aspecto resulta ser un obstáculo para lograr el objetivo de integración mediante el EHS, pues aunque esta técnica es conocida por los psicólogos y profesores, su utilización es esporádica y está desarticulada del plan de trabajo regular; es común que se utilicen espacios como el receso y las clases extracurriculares para llevar a cabo estos programas, donde los alumnos con NEE son aislados de sus pares para recibir el entrenamiento (Monjas y González, 2000; Lane, Carter, Glaerser y Pierson, 2006).

Respecto de las problemáticas metodológicas específicas que se relacionan con el uso de las HS en el contexto de la educación especial y la integración escolar, se presentan a continuación las propuestas de algunos autores para enriquecer su estudio. Vizcarro (1994) plantea que la intervención debe unirse a los déficit de HS específicos del individuo, es decir, que deben vincularse las necesidades específicas de entrenamiento con el programa de intervención.

Por su parte, Caballo (2000) señala que las HS entrenadas deben abarcar varios comportamientos y situaciones, es decir, que se debe versificar la utilidad de las habilidades en que se va a entrenar, donde no sólo se resuelva un problema específico sino se prevean otras situaciones similares.

Gresham, Sugai y Horner (2001) señalan que algunas de las características de duración de un programa de EHS para poblaciones con NEE son las siguientes: *a)* Una cobertura mínima de treinta horas de instrucción; *b)* Cubrir de 10 a 12 semanas, con sesiones que ocurran una o dos veces por semana; *c)* Cada sesión debe abarcar mínimo 45 minutos y máximo 90 minutos (esto debe definirse basándose en las características de los participantes; por ejemplo, en el caso de niños pequeños o que presentan problemas de conducta o hiperactividad, su periodo de atención es menor y la sesión puede ser de media hora; en adultos y jóvenes con retardo mental la sesión de hora y media es suficiente), y finalmente *d)* es deseable que conforme se acerque el final del entrenamiento, las sesiones se distancien para facilitar la transición de la conducta.

Murray y Greenberg (2006) exponen la conveniencia de utilizar ambientes naturales para el EHS, ya que permite extrapolar situaciones entrenadas en el aula hacia las situaciones cotidianas. Con relación a lo anterior, Monjas (1999) y Monjas y González (2000) indican la necesidad de integrar EHS como parte del currículo de enseñanza y no como elemento aislado, aunque deben preverse las dificultades extracurriculares que las acompaña, como son la designación de espacios y tiempos compartidos con otros profesores.

Por otro lado, Miranda (2006) destaca el uso de materiales y procedimientos de enseñanza, pues se ha observado que en el caso de jóvenes con autismo el empleo de videos es útil para iniciar el aprendizaje de HS, al evitar inicialmente la necesidad de interactuar con otras personas para entender lo que es una habilidad social. Kolb y Hanley (2003) mencionan la necesidad de incluir a los padres en los programas de EHS, para lograr una verdadera integración.

Estos consejos, un poco sencillos pero valiosos en su conjunto, pueden hacer del EHS una propuesta efectiva para las necesidades de los alumnos y resolver las dificultades que se presentan cuando se diseña o se lleva a cabo un programa de este tipo.

Conclusión

Consideramos los problemas expuestos al inicio de este trabajo: la respuesta de Gresham, Sugai y Horner (2001) para explicar que la posición sobre la ineficacia en el largo plazo del EHS en poblaciones con NEE de Ogilvy (1994, citado en Kolb y Hanley, 2003) se debe a los aspectos metodológicos no considerados al realizar el metaanálisis, no es argumento suficiente para finalizar la controversia, puesto que estos autores no muestran evidencia para comprobar sus afirmaciones, por lo que son convenientes nuevos trabajos de este tipo, donde se especifiquen las variables de estudio así como las características de las habilidades entrenadas, los objetivos perseguidos, la población de estudio, los escenarios y tiempos donde se llevó a cabo dicho entrenamiento.

Especificar estos elementos facilitaría el trabajo de conocer los efectos en largo plazo del EHS; sin embargo, es necesario recordar la cualidad más relevante de las habilidades sociales, esto es, su adaptabilidad a las diferentes circunstancias que la persona enfrenta en su vida diaria; y es por ello que ningún entrenamiento asegura su efectividad por sí mismo.

Esta cualidad reconviene la necesidad de entrenar en el proceso de adquisición y modificación de habilidades más que centrarse únicamente en la falta de habilidades; es decir, los estudios y programas de EHS dirigidos a alumnos con NEE deben corregir los déficit en las habilidades que la persona presenta y, de manera simultánea, instruir la forma sobre cómo seguir aprendiendo nuevas habilidades.

En relación con el desconocimiento de la metodología del EHS expuesto por Caballo (2000), espero que este trabajo ayude a los profesionista interesados en el tema a tener un amplio panorama del EHS y específicamente en su vinculación con la educación especial y de la situación en las aulas integradas; sobre estas que menciono la necesidad de no sólo incluir al alumno con NEE en "actividades normales", sino también de proporcionarle las habilidades para desempeñarse adecuadamente con sus coetáneos y demás personas.

Quizá el mayor problema que se relaciona con el punto anterior y el elemento clave de este artículo es saber cómo diseñar programas de EHS para el currículo regular o integrado. A excepción de Monjas y González (2000) que combinaron su programa de intervención con el currículo regular de enseñanza, los demás trabajos de intervención utilizan espacios, materiales y tiempos diferentes e incluso contrarios al currículo, lo que ocasiona que el alumno y las personas que asisten a los programas de EHS encuentren lo aprendido desvinculado de su medio cotidiano.

Para lograr que el EHS deje de ser una visión rehabilitadora, es importante en un primer momento ir más allá de las habilidades específicas del psicólogo o docente, para a partir de la colaboración de ambos profesionales y de los padres de familia planear las intervenciones con base en las características del ambiente escolar, y propiciar que los aprendizajes de las HS sean significativos dentro y fuera de la escuela.

Asimismo, el profesionista debe buscar que las habilidades entrenadas tengan un impacto positivo en la vida del alumno, aun cuando las condiciones para su aplicación sean poco favorables, pues se trata de hacer entender al alumno que él tiene la posibilidad de cambiar su entorno si aprende a manejar las contingencias adecuadamente (es decir, las reglas del juego) y hacer que este aprendizaje sea significativo para su vida.

En los estudios de EHS revisados no aparece el papel de la persona con NEE como promotor de su propio cambio, y de hecho poco se le pregunta su opinión para el desarrollo de este tipo de programas, lo que es elemento sustancial para el diseño, por ser ellos principio y fin de la intervención; por lo que quizá la primera habilidad social que debe desarrollar cualquier programa de EHS es aprender a tomar decisiones sobre la propia vida.

La complejidad en el uso de programas de EHS en la EE va más allá de lo descrito en este artículo, pues hay factores por resolver que subyacen en cada etapa del proceso de intervención, como el ambiente familiar, el social y la persona misma, que influyen definitivamente en la competencia social; por ello cabe considerar qué aspectos deben también ser evaluados y no sólo mencionados para tener un panorama general de la persona.

Bibliografía

American Association Mental Retardation (1992). *Retraso mental.* Madrid: Alianza.

Antonello, S. (1996). *Social skills development: Practical strategies for adolescents and adults with developmental disabilities.* Massachussets: Allyn and Bacon.

Caballo, C. (2000). *Manual de evaluación y tratamiento las habilidades sociales.* Madrid: Siglo XXI.

—— y Verdugo, A. (2005). *Habilidades sociales: Programa para mejorar las relaciones sociales entre niños y jóvenes con deficiencia visual y sus iguales sin discapacidad.* Madrid: Organización Nacional de Ciegos Españoles.

Caldarella, P., y Merrell, K. (1997). Common dimensions of social skills of children and adolescents: A taxonomy of positive behaviors. *School Psychology Review, 26* (2), 264-278.

Cartledge, G. (2005). Learning disabilities and social skills: reflections. *Learning Disability Quarterly, 28* (1), 179-181.

Clark, G.M., y Kolstoe, P.O. (1990). *Career development and transition educational for adolescents with disabilities.* Boston: Allyn and Bacon.

Del Prette, Z., y Del Prette, A. (2002). *Psicología de las habilidades sociales; terapia y educación.* México: Manual Moderno.

García, C., Escalante, H., Escandón, M., Fernández, T., Mustri, D., y Puga, V. (2000). *La integración educativa en el aula regular; principios, finalidades y estrategia.* (Materiales de integración educativa). Tomo I. México: SEP-Cooperación Española.

García, S.M., y Gil, F. (1998). Entrenamiento en habilidades sociales. En: R.F. Gil, R.J. León y E.L. Jarana (eds.). *Habilidades sociales y salud* (45-86). Madrid: Pirámide.

Godfrey, J. (2005). Developing children's conversional skills in mainstream schools: An evaluation of group therapy. *Child language therapy, 21* (3), 251-262.

Goldstein, A., Sprafkin, R., y Gershaw, N. (1976). *Skills training for community living: Applying structure learning therapy.* Nueva York: Pergamon Press.

Goldstein, A. Sprafkin, R. Gershaw, N., y Klein, P. (1981). *Las habilidades sociales y el autocontrol en adolescentes.* Barcelona: Martínez Roca.

Greenspan, S. (1979). Social intelligence in the retarded. En: N. Ellis (ed.). *Handbook of mental deficiency: Psychological theory and research* (483-532). Nueva Jersey: Lawrence Erlbaum.

Gresham, F. (1982/1987). Los errores de la corriente de integración: El caso para el entrenamiento de habilidades sociales con niños deficientes. *Revista de Educación, 21-22* (1), 173-192.

——, Sugai, G., y Horner, R. (2001). Interpreting outcomes of social skills training for students with high-incidence disabilities. *Exceptional Children, 67* (3), 331-344.

Guevara, Y., Ortega, P., y Plancarte, P. (2001). *Psicología conductual: avances en educación especial.* México: UNAM, FES Iztacala.

Gutiérrez, B. (2003). Habilidades sociales. En F. González, M. Calvo y M. Verdugo (eds.). *Últimos avances en intervención en el ámbito educativo: Actas del V Congreso Internacional de Educació* (145-155). Salamanca: Publicaciones del INICO.

—— y Prieto, M. (2002). *Manual de evaluación y entrenamiento en habilidades sociales para personas con retraso mental.* Valladolid: Consejería de Sanidad y Bienestar Social.

Harriott, W., y Martin, S. (2004). Promote social competence and classroom community. *Teaching Exceptional Children, 37* (1), 48-54.

Heiman, T., y Margalit, M. (1998). Loneliness, depression, and social skills among students with mild mental retardation in different educational settings. *Journal of Special Education, 31* (3), 265-275.

Kolb, S., y Hanley, M. (2003). Critical social skills for adolescents with high incidence disabilities: Parental perspectives. *Exceptional Children, 69* (2), 163-179.

Lane, K., Carter, E., Pierson, M., y Glaerser, B. (2006). Academic, social and behavior characteristics of high school students. *Journal of Emotional and Behavioral Disorders, 14* (3), 108-117.

Marchetti, A., y Matson, J. (1981). Skills for community adjustment. En J. Matson y J. McCartney (eds.). *Handbook of behavior modification with the mental retarded* (211-246). Nueva York: Plenum Press.

Mc Cay, L., y Keyes, D. (2001). Developing social competence in the inclusive primary classroom. *Childhood Education, 02,* 70-78.

Mc Fall, R. (1982). A review and reformulation of the concept of social skills. *Behavioral Assessment, 4,* 1-33.

Miranda, V. (2006). *Entrenamiento en habilidades sociales para jóvenes con necesidades especiales: Una propuesta de intervención.* Tesis de licenciatura en psicología. FES-Iztacala, UNAM.

Molina, N. (2004). *Guía práctica para la integración escolar de niños con necesidades especiales.* México: Trillas.

Monjas, M. (1995). Habilidades sociales y necesidades educativas especiales. En C. Caballo (ed.). *I Jornadas Científicas de Investigación en Personas con Discapacidad* (163-168). España: Universidad de Salamanca e INSERSO.

—— (1997). *Habilidades de interacción social: Un tema olvidado en el currículum escolar del alumnado con discapacidad.* Documento presentado durante las II Jornadas Científicas de Investigación en Personas con Discapacidad. España: Universidad de Salamanca e INICIO. Extraído el 15 de enero de 2006 desde http:://www3.usal.es/~inico/investigacion/jornadas/jornada2/comun/c15.html

—— (1999). *Programa de enseñanza de habilidades de interacción social (PEHIS) para niños y niñas en edad escolar.* Madrid: Ciencias de la educación preescolar y especial.

—— y González, B. (2000). *Las habilidades sociales en el currículum.* Madrid: Ministerio de Educación, Cultura y Deporte y el Centro de Investigación y Documentación.

Murray, C. y Greenberg, M. (2006). Examining the importance of social relationship and social context in the lives of children with high-incidence disabilities. *The Journal of Special Education, 39 (4).*

Ortiz, C. (1995). Las personas con necesidades educativas especiales. En M. Verdugo (ed.). *Personas con discapacidad: Perspectivas psicopedagógicas y rehabilitación.* Madrid: Siglo XXI.

Rosa, A., Iglesias, C., Olivares, J., Espada, J., Sánchez, M., y Méndez, X. (2002). Eficacia del entrenamiento en habilidades sociales con adolescentes: de menos a más. *Psicología Conductual, 10* (3), 543-561.

Sánchez, D. (2004). *Una propuesta para el entrenamiento en habilidades sociales en el niño de educación especial.* Tesis para obtener la licenciatura en psicología. FES-Iztacala. UNAM

Tornero G. (2002). Competencia social y habilidades sociales en la educación especial. *Revista Electrónica Interuniversitaria de Formación al Profesorado 5* (5). Extraído el 15 octubre de 2005 de http://www.aufop.org/publica/reip02v5n5.asp

Verdugo, M. (1997). *Programa de habilidades sociales: Programas conductuales alternativos.* Salamanca: Amaru.

—— (2003). *Análisis de la definición de deficiencia intelectual de la asociación americana de retraso mental de 2002.* Extraído el 12 de enero de 2006 de http//inico.usal.es/otraspublicaciones.asp.

—— y Arias, B. (1995). Actitudes sociales y profesionales hacia las personas con discapacidad. En M. Verdugo (ed.). *Personas con discapacidad* (79-143).

Madrid: Siglo XXI.

Vizcarro, C. (1994). Evaluación de las habilidades sociales. En R. Fernández (ed.). *Evaluación conductual, hoy* (347-387). Madrid: Pirámide.

Willams, G., y Reisberg, L. (2003). Success inclusion: Teaching social skills through curriculum integration. *Intervention in School and Clinic 38* (4); 205-210.

Capítulo 3

Intervalo de retención en niños con dificultades de aprendizaje escolar

Mucio Romero, Rubén García y Juan Patricio Martínez

El interés por los problemas escolares ha ido en aumento. Actualmente, en el ámbito educativo, entre los problemas más frecuentes se encuentran el bajo rendimiento académico, los problemas en el aprendizaje y en particular los relacionados con la lectura y la escritura (Bermúdez, 1995). Se ha visto que en casi todas las instituciones escolares los maestros observan y reportan niños que no responden a la enseñanza en la misma forma que la mayoría de sus compañeros. La cuestión educativa en México abarca dos tipos de problemas que de manera reiterada se han tratado por separado: uno es el bajo rendimiento, y otro el relativo a la problemática específica del aprendizaje. Podemos observar que existen puntos de coincidencia entre el fenómeno del bajo rendimiento y los problemas en el aprendizaje, ya que en ambos casos el punto central que cabe considerar es el de-sempeño deficiente en las áreas académicas básicas, como la lectura, la escritura y las matemáticas. A los niños que presentan tales características y funcionan en el ámbito escolar de manera deficiente en las tareas académicas se les caracteriza globalmente como sujetos con problemas en el aprendizaje.

Una dificultad de aprendizaje general es un término que describe e incluye problemas de aprendizaje específicos, en particular escolares. Este tipo de problemas puede causar que un niño tenga dificultades para aprender y utilizar ciertas habilidades. Las habilidades afectadas con mayor frecuencia son las implicadas en la lectura y la escritura, las relacionadas con la comprensión verbal, hablar, razonar, la memoria y las matemáticas básicas (Artuso y Guzmán, 2000; Morris y Blatt, 1999; Romero, Aragón y Silva, 2002).

Cuando un niño tiene problemas de aprendizaje puede presentar destrezas o habilidades inadecuadas, como dificultades para aprender el alfabeto, errores al leer en voz alta y en la comprensión de lo que lee,

problemas en la legibilidad de la letra, dificultad para recordar los sonidos de las letras, las palabras, etcétera, así como deficiencias de memoria
de corto y de largo plazos. Tales problemas son frecuentes en toda situación escolar. En el caso particular de las dificultades en la lectura, autores
como Baddeley (1999), Baqués y Sáiz (1999), Gerheart (1987), Hulme y
Mackenzie (1994), Romero, Sánchez y Rabadán (1992), Sattler (2003),
entre otros, consideran que el papel de la memoria es de vital importancia en la adquisición de las habilidades académicas. No obstante, es
posible que con la ayuda de la investigación básica se puedan analizar
y determinar los procesos y mecanismos del aprendizaje y la memoria
en humanos, lo que servirá de base para futuras intervenciones en los
problemas de aprendizaje escolar al dar seguimiento de forma sistemática a los mecanismos implicados en el recuerdo o la recuperación de
información en el proceso de aprendizaje. Así, dentro de la literatura
de la investigación básica se considera el paso del tiempo como un componente importante en la recuperación de información (en lo sucesivo
lo entenderemos como recuperación de lo aprendido).

Por su parte, los estudios sobre el paso del tiempo, más conocido
como intervalo de retención (IR), utilizando situaciones de aprendizaje
entre estímulos (condicionamiento clásico) y entre una respuesta y un
estímulo (condicionamiento operante) en relación con el recuerdo de la
información aprendida, han demostrado un efecto conocido como recuperación espontánea de la información o de la respuesta aprendida,
tanto en animales como en humanos; es decir, se observa que después
del paso del tiempo se presenta la respuesta que supuestamente se había
considerado reducida o eliminada, y con la información que se obtuvo
en un momento específico (*v.g.*, Bouton y Swartzentruber, 1991; Brooks,
2000; Burdick y James, 1970; Kahng, Iwata, Thompson y Hanley, 2000;
Lerman, Iwata y Wallace, 1999; Rosas y Bouton, 1996; Skinner, 1938).
Tal efecto ya es muy conocido desde los experimentos que Pavlov (1927)
realizó al estudiar los reflejos condicionados y en experimentos realizados
en aprendizaje verbal (Brown, 1976; Slamecka, 1966; Wheeler, 1995) y
aprendizaje de relaciones causa-efecto (Vila y Rosas, 2001).

Una situación de aprendizaje entre estímulos, en la que un estímulo
es retirado después de suministrarse periódicamente, conocido como extinción, consiste en la presencia de un estímulo incondicionado (EI; *v.g.*
comida) relacionado con un estímulo condicionado (EC; *v.g.*, una cam-
pana) que provoca la presencia de una respuesta condicionada (RC; *v.g.*,

salivación). Posteriormente, la presencia del EC sin la del EI propiciará la disminución o eliminación de la RC, hasta el grado de que ésta ya no se presente. En el caso de la situación de extinción pero en el aprendizaje, entre una respuesta y un estímulo se requiere que se presente una RC (*v.g.* respuesta a una palanca) en presencia de un estímulo discriminativo (ED; *v.g.*, luz verde, sonido) cuyo resultado es la presencia de un EI (*v.g.* comida, dulces, alabanzas). Después, la presentación del ED sin el EI provocará la disminución o eliminación de la RC, como en el caso de la situación descrita arriba.

El efecto de recuperación espontánea se observa cuando se presenta un IR después de una fase en que un estímulo es retirado tras haber sido suministrado periódicamente en situaciones de aprendizaje entre estímulos o entre una respuesta y un estímulo. Este efecto ha sido demostrado en varios procedimientos de aprendizaje (Brooks, Karamanlian y Foster, 2001). En los estudios descritos por Brooks *et al.* (2001) se observa que el aprendizaje de la información obtenida en un primer momento o fase no es eliminada durante la extinción; la primera información puede ser recuperada por la presencia de un IR, a pesar de que en un segundo momento se presente otro tipo de información que contradiga a la del primer momento (Bouton y Brooks, 1993; Pavlov, 1927; Rosas y Bouton, 1996; Thomas, McKelvie y Mah, 1985).

Los resultados anteriores también son consistentes con otras situaciones de aprendizaje en las que se incluyen ya sean dos tipos de información entre estímulos o dos tipos de información entre una respuesta y un estímulo como en la extinción. Consideremos el aprendizaje de la discriminación (o diferenciación) de dos tipos de información que se invierten. En este tipo de aprendizaje, un niño puede aprender primero cierta información de la relación entre dos estímulos, cuando a un estímulo (*v.g.*, X) se le relaciona con un dulce, en cuya presencia debe de dar una respuesta (tocar el estímulo), y a otro estímulo (*v.g.*, Y) se le presenta solo, en cuya presencia el niño no debe de dar respuesta; la letra X podría ser un cuadrado y la letra Y un círculo. Después, en un segundo momento o fase puede aprender la información de una relación de inversión de los mismos estímulos: ahora el estímulo X se presenta solo y el estímulo Y se relaciona con un dulce que requiere del niño la misma respuesta, como antes. En este caso, la frecuencia de la respuesta del niño se reduce en relación con la primera información, y es sustituida por el aumento de la segunda respuesta en relación con la segunda información (aprendizaje de la relación de inversión). El aprendizaje de la relación de inversión discriminativa del segundo momento interfiere con el aprendizaje del primer momento; es decir, la segunda información promueve que la primera información se olvide. Esta situación de aprendizaje ha sido estudiada extensamente en situaciones de aprendizaje de evitación de estímulos (Gordon, Frank y Hamperg, 1979; Spear, Smith, Bryan, Gordon, Timmons y Chiszar, 1980), en condicionamiento apetitivo (Thomas *et al.*, 1985) y en aprendizaje de supresión condicionada de respuestas (Bouton y Brooks, 1993).

En el experimento de Spear *et al.* (1980) se observó que la respuesta de evitación de estímulos de la primera fase se recuperó o recordó con el paso del tiempo. Resultados similares se observaron en una situación de aprendizaje de inversión en un laberinto en T (Chiszar y Spear, 1969), en situaciones de discriminación de inversión apetitiva (Gleitman, 1971; Spear, 1971) y en situaciones de aprendizaje entre una respuesta y un estímulo (Burr y Thomas, 1972; Romero, Vila y Rosas, 2003; Thomas, Moye y Kimose, 1984; Vila, Romero y Rosas, 2002).

Utilizando una situación de aprendizaje de discriminación de dos tipos de información que se invierten con ratas, Bouton y Brooks (1993) realizaron un estudio para probar los efectos del paso del tiempo. El primer aprendizaje de discriminación aparentemente eliminado u olvidado por la interferencia del segundo aprendizaje de discriminación de inversión fue recuperado o recordado cuando se presentaron las mismas relaciones entre estímulos 28 días más tarde, es decir, con un IR de 28 días.

Por otro lado, Romero *et al.* (2003) utilizaron una situación de aprendizaje de discriminación de dos tipos de información que se invierten en una tarea de igualación a la muestra simultánea con humanos adultos jóvenes en tres fases. En una primera fase se presentó un estímulo, llamado muestra, con dos estímulos de comparación, donde al elegirse el comparativo 1 con características semejantes al estímulo muestra, éste se relacionó con una recompensa y sin recompensa el estímulo comparativo 2. En una segunda fase o momento, en el mismo estímulo muestra se relacionó la recompensa con el estímulo comparativo 2 y no con el estímulo comparativo 1. En este caso, se encontró que la respuesta de los participantes se reduce relativamente a la primera información, y es sustituida por un aumento de la segunda respuesta en relación con la segunda información (aprendizaje de la relación de inversión) como en el ejemplo del niño descrito antes. Luego, a un grupo se le presentó una fase de prueba, inmediatamente después de terminada la fase de la segunda información (inversión), y al otro grupo le presentaron la fase de prueba 48 horas después. Encontraron que transcurrido el IR de 48 horas, el aprendizaje de la información de la discriminación de la fase 1 se recuperó espontáneamente y se redujo la interferencia del aprendizaje de la fase de inversión. El aprendizaje de la relación de inversión discriminativa del segundo momento interfiere con el aprendizaje del primer momento, es decir, promueve que la primera información se olvide; la presencia del paso del tiempo promovió que la interferencia de la información del segundo momento se olvide y que la información del primer momento se recuerde.

La evidencia experimental en humanos permite sugerir que la recuperación espontánea de la primera información demostrada en situaciones de aprendizaje, en donde se presenta la fase de extinción, puede también ser encontrada en otro tipo de tareas como el aprendizaje de relaciones causa-efecto. Se destaca el estudio de Vila y Rosas (2001) donde el procedimiento consistió en relacionar medicinas ficticias con enfermedades inventadas, pero en este caso se pedía un juicio que indicara la relación causal entre una medicina y una enfermedad. Los participantes fueron asignados a dos grupos: a un grupo se le presentaba la fase de prueba inmediatamente después de la fase de extinción, mientras que en el otro se dejaba transcurrir un IR de 48 horas una vez terminada la fase de extinción. Los resultados mostraron que el IR hacía que se recuperase el aprendizaje de la primera información, es decir, la relación medicina-enfermedad entrenada durante la fase 1. Hacia el final de esta fase, sólo la información acerca de la relación positiva entre la medicina y la enfermedad es almacenada en la memoria y la relación causal entre ambos sucesos es juzgada como alta, es decir, que esa relación es la que recordaban como más relevante.

Tradicionalmente, la recuperación espontánea se ha explicado de distintas maneras. Por ejemplo, Skinner (1950) la atribuyó a la presencia de pistas o señales relacionadas con la manipulación que se realizaba de los sujetos al inicio de la fase de extinción. Tales estímulos podrían haber sido sometidos a poca extinción y por eso ser causa de recuperación cuando los sujetos son reintroducidos en la cámara experimental para iniciar una sesión de prueba, y recordados por los sujetos experimentales. Por su parte, Hull (1943), Konorski (1948, 1967) y Pavlov

(1927) coinciden en que el tiempo puede dispersar la inhibición que se desarrolla durante la extinción. Robbins (1990) retoma el argumento anterior y sostiene que además se mejora o desarrolla la atención al EC. Estes (1955) también comparte la idea del papel del paso del tiempo en la dispersión de la inhibición en la extinción, y sugiere también que se incrementa la probabilidad de los elementos estimulares que no fueron extinguidos durante la extinción.

Como explicación alternativa, Bouton (1988, 1991, 1993) sugiere que el paso del tiempo puede retirar o cambiar al sujeto del contexto temporal en donde se presentó la fase de extinción, dificultando la recuperación del aprendizaje que se desarrolla en el mismo; es decir, el tiempo en que el sujeto aprendió un tipo de información. Por ejemplo, la segunda información en los casos descritos antes es distinto del tiempo en que el sujeto la aprendió cuando se requiere que recuerde dicha información, cuando se presenta la fase de prueba como en los casos descritos. El intento de explicar la recuperación espontánea de la res puesta condicionada es una manera de asumir que la segunda fase (fase de extinción o de inversión) no involucra destrucción o desaprendizaje de la relación entre estímulos o entre una respuesta y un estímulo (Rescorla y Wagner, 1972), siendo claro que la respuesta en relación con dicha información permanece aun después de un largo entrenamiento del segundo momento, llámese extinción o inversión.

De acuerdo con el modelo de Bouton (1993) la recuperación o recuerdo de la información puede ser dañada por la interferencia de la información aprendida antes o después, o por un cambio en el contexto temporal entre la situación de aprendizaje y la de prueba, al asumir que el paso del tiempo inevitablemente cambia el contexto entre los momentos de aprendizaje y el momento de la prueba dañando el recuerdo de la información. Esta idea ha sido apoyada por la evidencia experimental, que nos sugiere que la recuperación espontánea se debe al hecho de interponer un IR entre los momentos de aprendizaje y la prueba. Con el paso del tiempo ocurren cambios en el contexto interno (cambios en los estados de ánimo o fisiológicos) y contexto externo (cambios en los distintos aspectos u objetos de un lugar) del sujeto, y de acuerdo con Bouton (1993) en situaciones en donde existe interferencia de información, como es el aprendizaje de discriminación de dos tipos de información que se invierten descrito antes; también ocurre un cambio de contexto entre el momento de inversión y el de prueba, por lo que esto ocasionaría el olvido de la información de la interferencia (segundo momento) recuperando así la información del primer momento; es decir, se presenta la recuperación espontánea de la primera información aprendida.

Las situaciones de aprendizaje en las que se ha demostrado la recuperación espontánea se han aplicado tanto en animales como en humanos normales. No obstante, a pesar de la existencia de evidencia del papel de la presencia del IR en niños normales (Romero y Vila, 2005) no se ha documentado en niños con dificultades de aprendizaje escolar. Por lo tanto, el propósito del presente experimento fue explorar el papel del intervalo de retención en niños con este tipo de dificultades.

Lo que pretenden los estudios descritos es demostrar que la presentación de situaciones de aprendizaje de relaciones entre estímulos y que requieran una respuesta como es el aprendizaje de letras en el contexto escolar, es demostrar la aplicabilidad de los estudios experimentales a la solución de problemas prácticos y difundir la sustentación teórica y empírica y de dónde surgen los fundamentos para el diseño de estrategias de intervención de las dificultades de aprendizaje escolar. Además, es de suma importancia considerar que el trabajo en los contextos escolares implica que aprender primero una relación como el sonido de un fonema con su imagen y después aprender otro sonido de fonema con su respectiva imagen, y aprender una segunda relación puede hacer que los niños olviden lo que aprendieron antes y utilicen estrategias de recuperación o recuerdo de información, como desvanecer la interferencia o preguntar tiempo después por un tipo de información, lo que hace posible asegurar el recuerdo de un tipo de información específica que el maestro requiere.

Método

Los participantes fueron entrenados en el aprendizaje de discriminación de dos tipos de información que se invierten usando una tarea de igualación a la muestra, en donde el criterio para la respuesta correcta fue la forma, característica que compartieron tanto el estímulo muestra como el estímulo de comparación. El entrenamiento en el aprendizaje de discriminación del primer momento se cambió por la característica de color entre el estímulo muestra y el estímulo de comparación, como el criterio para la respuesta correcta en este segundo momento. Finalmente, los niños recibieron una prueba con el mismo conjunto de estímulos, un estímulo muestra y dos estímulos de comparación. Se utilizaron dos grupos de niños con dificultades de aprendizaje escolar y dos intervalos de retención como contextos temporales (0H y 48H).

Participantes

Participaron en el experimento de manera voluntaria y sin experiencia en la tarea para realizar 20 niños de 8 a 9 años de edad, pertenecientes a la Clínica Universitaria de la Salud Integral de la FES-Iztacala UNAM; 75% del sexo femenino. Los participantes fueron separados en dos grupos al azar al inicio del estudio.

Materiales y situación experimental

El experimento se llevó a cabo en un cubículo individual de 3 m x 3 m, con una *lap top* marca Toshiba compatible con IBM. Las figuras de la tarea de igualación a la muestra fueron elaboradas en el programa Super Lab Pro versión 2.0 (Cirrus Co., 1999); se presentaron sobre la pantalla de la computadora en un fondo blanco de 3.5 cm de ancho por 3.3 cm de alto, con un fondo gris de 18.8 cm de ancho por 11.3 cm de alto. Como puede observarse en la figura 3.1, uno de los fondos blancos fue colocado en el centro superior de la pantalla. Una de las figuras muestra siempre se presentó ahí. Los otros fondos blancos, en donde se presentaron las figuras de comparación, se colocaron en la parte de abajo derecha e izquierda equidistantes del estímulo muestra.

Las figuras muestra (M) utilizadas fueron un cuadrado rojo (M1) de 2 cm por lado, un círculo azul (M2) de 2.1 cm de diámetro y un triángulo isósceles verde (M3) de 2 cm de base x 3 cm de alto como estímulo distractor. Las figuras de comparación (C) fueron un cuadrado azul (C1) de 2 cm por lado, un círculo rojo (C2) de 2.1 cm de diámetro. Además, se presentaron dos fondos blancos de comparación de 3.5 cm de ancho x 3.3 cm de alto cuando se presentaba el triángulo isósceles verde. El lugar donde C1 y C2 se presentaron, respecto de la figura muestra, fue contrabalanceado a través de los ensayos. Los participantes dieron su respuesta oprimiendo el botón izquierdo del ratón dentro del área del estímulo de comparación.

Figura 3.1. Ejemplo de la tarea experimental utilizada. Las letras representan el color de las figuras. En la fase 1, los participantes debían elegir el cuadrado azul en presencia del cuadrado rojo y el círculo rojo en presencia del círculo azul (criterio de forma). En la fase 2, los participantes deben elegir el círculo rojo en presencia del cuadrado rojo y el cuadrado azul en presencia del círculo azul (criterio de color). Vea el texto para más detalles.

Procedimiento

Los participantes fueron llevados a la situación experimental de manera individual y sentados frente al monitor de la computadora. Una vez ahí, se les presentaron de manera verbal las siguientes instrucciones:

> ¡BIENVENIDO!
> A continuación te voy a enseñar tres figuras, una en la parte de arriba y dos en la parte de abajo. El juego consiste en que tú me vas a decir cuál de las dos figuras que están abajo se parece a la figura de arriba. Cuando la figura que tú escojas sea la correcta, aparecerá la palabra correcto, y cuando la figura que escojas no sea la correcta aparecerá la palabra error. ¿Entendiste? Bien, empecemos.

La tarea fue presentada en una situación de igualdad con la muestra simultánea. Se inició con la presentación simultánea de los estímulos M y los dos C. La elección de uno de los estímulos C fue seguida por una retroalimentación en letras rojas mayúsculas. La retroalimentación fue la presencia de la palabra "correcto" si la elección fue correcta, y la palabra "error" si la elección había sido incorrecta. Cuando el estímulo M3 fue el estímulo muestra, no hubo estímulos de comparación, y con la elección de cualquiera de los fondos blancos no se presentaba la retroalimentación. El M3 fue irrelevante y se incluyó sólo para hacer la tarea ligeramente más compleja. Se utilizó un intervalo entre presentaciones o ensayos de estímulos de tres segundos. Las presentaciones de los estímulos se entremezclaron aleatoriamente. Los participantes fueron asignados aleatoriamente a uno de los dos grupos experimentales (0H y 48H) antes del inicio del experimento (cuadro 3.1). El experimento se llevó a cabo en tres fases.

Cuadro 3.1
Diseño del experimento

Grupo	Fase 1	Fase 2	IR	Prueba
0H	M1: C1+; C2− M2: C1−; C2+ M3: /	M1: C1−; C2+ M2: C1+; C2− M3: /	0H	M1? M2? M3?
48H	M1: C1+; C2− M2: C1−; C2+ M3: /	M2: C1−; C2+ M2: C1+; C2− M3: /	48H	M1? M2? M3?

M1, M2 y M3: estímulos muestra; C1 y C2: estímulos de comparación; (+): correcto; (−): incorrecto; IR: intervalo de retención de 0 y 48 horas.

Fase 1. Los participantes recibieron 12 presentaciones de cada una de las relaciones entre los estímulos de muestra y de comparación aleatoriamente entremezclados. En cada grupo, para la mitad de los participantes la elección correcta fue el estímulo de comparación que tenía la misma forma que el estímulo M (el cuadrado en la presencia del cuadrado y el círculo en presencia del círculo). Para la otra mitad de los participantes la elección correcta fue el estímulo de comparación que tenía el mismo color que el estímulo muestra (el círculo rojo en presencia del cuadrado rojo y el cuadrado azul en presencia del círculo azul).

Fase 2. Inmediatamente después de las presentaciones de la fase 1, se iniciaron 12 presentaciones de cada una de las relaciones entre los estímulos muestra y de comparación con la salvedad de que la elección correcta fue el estímulo C que tenía el mismo color o forma que tuvo el estímulo M.

Prueba. Se inició con 18 presentaciones de prueba en las que aparecían las figuras muestra con las figuras de comparación correspondientes en ausencia de retroalimentación. El grupo OH recibió esta fase inmediatamente después de la fase 2, mientras el grupo 48H la recibió 48 horas después de la fase 2.

Variable dependiente y análisis de datos

Se registraron las respuestas correctas al criterio de forma en cada una de las presentaciones. Se calculó el porcentaje de respuestas correctas a la forma o color del estímulo muestra en cada bloque de seis presentaciones (tres con M1 y tres con M2) tomando como referencia la combinación correcta durante la fase 1 (M1-C1 y M2-C2); se consideraron cuatro bloques por cada fase. Un valor de 100% en la variable dependiente refleja una ejecución perfectamente ajustada a la fase 1. Un valor de 0% refleja una ejecución perfectamente ajustada a la fase 2, mientras un valor de 50% refleja una ejecución al azar, intermedia entre las dos fases. Los porcentajes fueron evaluados con un análisis de varianza (Anova) y un análisis de comparación entre grupos prueba t de muestras independientes, con un criterio p < .05.

Resultados y discusión

Todos los participantes de los grupos OH y 48H aprendieron las relaciones entre los estímulos muestra y los estímulos de comparación de la fase 1 y la inversión de la fase 2. La figura 3.2 presenta la media del porcentaje de respuestas correctas a las relaciones entre estímulos M1-C1 y M2-C2 en los cuatro bloques de las fases 1 y 2 para los grupos OH y 48H. El análisis consideró la media del porcentaje a las relaciones M1-CI y M2-C2 al final de las dos fases de entrenamiento (último bloque de seis presentaciones).

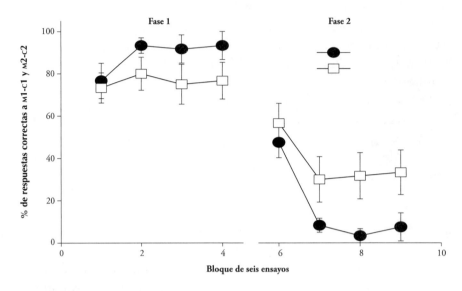

Figura 3.2

La media del porcentaje de respuestas correctas al final de la fase 1 de aprendizaje fue 76.6 y 93.3 para los grupos OH y 48H, respectivamente. La media del porcentaje a las relaciones entre estímulos M1-C1 y M2-C2 al final de la fase 2 fue 33.3 y 7.5 para los grupos 0H y 48H, respectivamente. Un análisis de varianza Anova de 2 (grupo) x 2 (bloque) encontró un efecto principal de grupo $F(1,19) = 175.8$; $p < 0.01$ y de bloque $F(1,19) = 43.9$; $p<0.01$, que reflejó un claro efecto de interferencia de la fase 2 (inversión). También se observa un efecto significativo de interacción grupo x bloque $F(1,19) = 43.9$; $p < 0.01$.

La figura 3.3 presenta la media del porcentaje de respuestas correctas a las relaciones entre estímulos M1-C1 y M2-C2 durante la fase de prueba final para los dos grupos. La media del porcentaje a M1-C1 y M2-C2 fue 11.6 y 52.4 para los grupos OH y 48H, respectivamente.

Una prueba *t student* de muestras independientes encuentra una diferencia confiable entre los dos grupos ($t = -3.037$; $p < 0.05$).

Los resultados de este experimento replican y extienden los encontrados en otros experimentos que han explorado el papel del interva-

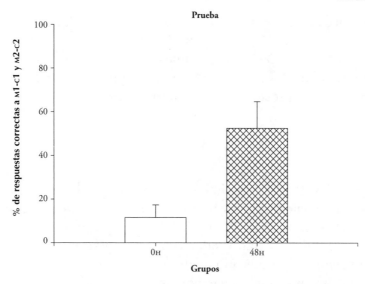

Figura 3.3

lo de retención en animales en diferentes tipos de situaciones de aprendizaje, tales como situaciones de aversión a sabores (Rosas y Bouton,
1996), el aprendizaje operante (Bouton, 1993), supresión de la respuesta
condicionada (Bouton y Brooks, 1993; Burdick y James, 1970; Harris *et
al.*, 2000), en humanos en aprendizaje de relaciones causa-efecto (Vila
y Rosas, 2001) y aprendizaje verbal (Brown, 1976; Slamecka, 1966;
Wheeler, 1995). El bajo porcentaje de respuestas correctas en el grupo
0H durante la fase de prueba mostró que el aprendizaje de inversión de
la fase 2 causó interferencia de la primera información aprendida; es
decir, un porcentaje bajo de respuestas correctas de la fase 1. La presentación de un intervalo de retención de 48 horas en el grupo 48H causó
una clara disminución del aprendizaje de la información de la fase 2
reflejado por el bajo porcentaje de respuestas, resultando una ejecución
más relacionada con el aprendizaje de la información de la fase 1; es
decir, un recuerdo del aprendizaje de la información de la fase 1. Esto
implica una recuperación espontánea de la información de dicha fase.
Los resultados también permiten sugerir que un intervalo de retención
de 48 horas funciona como un cambio de contexto o de condiciones,
cuando ocurre la recuperación espontánea como un efecto, el cual toma
lugar cuando las condiciones de la fase 2 son presentadas en un contexto
temporal diferente de esta fase. La recuperación espontánea de la infor-

mación puede entonces ser una consecuencia de una falla en la recuperación de la información de la segunda fase (Bouton, 1993). Con base en esos resultados, se puede asumir que la persistencia del aprendizaje de discriminación de dos tipos de información que se invierten está sujeto a cambios en el contexto temporal (Romero *et al.*, 2003).

Discusión general

Los resultados de este experimento muestran que la presencia de un intervalo de retención de 48 horas en una situación de interferencia, tal como el aprendizaje de discriminación de dos tipos de información que se invierten, da como resultado una recuperación espontánea de la información del primer momento, en una manera que se asemeja a lo ocurrido en situaciones de extinción (Brooks y Bouton, 1993; Harris *et al.*, 2000; Pavlov, 1927; Thomas *et al.*, 1985). Estos resultados confirman que cuando a un individuo se le presenta una información en un contexto temporal diferente del de la fase 2 de interferencia, se facilita el recuerdo de la información aprendida en la fase 1; es decir, de un primer momento (Bouton, 1993). Esto confirma la idea de que el aprendizaje de discriminación de dos tipos de información que se invierten puede ser afectado por cambios en el contexto temporal (Vila *et al.*, 2002; Romero *et al.*, 2003).

El bajo porcentaje de respuestas correctas en el grupo OH durante la fase de prueba muestra que la información dada en la fase 2 provocó una disminución del porcentaje de respuestas correctas de la fase 1; es decir, que se presentó un olvido de lo aprendido en la fase 1 por interferencia de la información aprendida en la fase 2. Se observa que la presentación de un intervalo de retención de 48 horas provocó una reducción de la interferencia de lo aprendido en la fase 2, dando como resultado una ejecución similar a la información aprendida en la fase 1, lo cual indica una recuperación espontánea de dicha información. La semejanza en el porcentaje de respuestas correctas entre la fase de prueba y la fase 1 lo comprueba. El efecto de la presencia de un IR en el recuerdo de la información encontrado en los niños con dificultades de aprendizaje escolar permite suponer que la información aprendida de la fase 2 conduce a la formación de una nueva huella de memoria que comparte un espacio con la huella de la primera información aprendida

(Rosas *et al.*, 2001). El tipo información recordada en la fase de prueba, ya sea la información de la primera o de la segunda fase, dependerá de cuáles sean las condiciones o estrategias que se utilicen –en el caso de un aprendizaje escolar– para tener acceso a ambos tipos de información (Bouton, 1993; Chandler, 1991, 1993).

De acuerdo con la teoría de Bouton (1993, 1994), la información acerca de las relaciones entre las figuras muestra y las de comparación durante la fase 1 no son dependientes del contexto hasta que las relaciones entre las figuras son alteradas por el cambio de criterios (de forma y color) en la información dada en la fase 2. Cuando esto pasa, los niños ponen atención al contexto o lugar donde aprenden la información, permitiéndoles entender ese cambio entre los estímulos y codificando el contexto en que se aprendió. Así, en el momento de presentar la relación de las figuras muestra en un contexto diferente de la fase 2 de inversión, las respuestas a esta fase tienden a disminuir haciendo más difícil su recuerdo y, por lo tanto, las respuestas de la fase 1 se restablecen presentándose el efecto de recuperación espontánea de la información aprendida primeramente (Bouton, 1993). Además, establece que el paso del tiempo después de la fase de inversión puede producir por sí mismo un cambio gradual en el contexto donde se dio el aprendizaje de inversión. Este cambio de contexto puede afectar la segunda información aprendida que entra en competencia con la primera información; esto es, puede dañar el recuerdo de la información de la inversión.

A diferencia de los mecanismos de la memoria de corto plazo que podrían verse afectados en los niños con dificultades de aprendizaje escolar, en este experimento se demuestra que la presencia de un intervalo de 48H promueve la recuperación espontánea de la respuesta aprendida en la fase 1; es posible, por tanto, que el mecanismo responsable del recuerdo posterior a la interferencia de la información aprendida en la fase 2 esté activo en los niños con dificultades de aprendizaje escolar, de la misma forma como se da en niños sin dificultades. Los resultados obtenidos permiten sugerir la existencia de un mecanismo único e inalterable de recuperación de la información dependiente del paso del tiempo, como lo establece Bouton (1993). Estos datos confirman el supuesto de que el olvido es producido por problemas en las condiciones del recuerdo y no por la pérdida de la información aprendida originalmente (Ebbinghaus, 1885). La hipótesis de un mecanismo único de recuerdo tiene como implicación el hecho de poder implementar técnicas generales efectivas en la recuperación de la memoria que funcionen en cualquier población (Romero, Vila y Rosales, 2003).

Aplicaciones escolares

Como podemos ver, los distintos estudios abordados muestran que el hecho de presentar un IR, es decir, cambiar el contexto temporal y así disminuir la interferencia de éste, hace que el recuerdo de dicha información sea mejor. Los resultados del presente experimento y los estudios anteriormente expuestos señalan que el aprendizaje de discriminación de dos tipos de información que se invierten o el de extinción demuestran ser una técnica que mejora el recuerdo y el aprendizaje en contextos aplicados a la atención de las dificultades de aprendizaje escolar. Bajo esta temática, hay muchas situaciones en las que el niño tiene que aprender diferentes tipos de información, como son relaciones simbólicas entre estímulos o entre estímulos y respuestas. Por ejemplo, cuando deben aprender a diferenciar letras visual y auditivamente similares, tales como u *vs.* v, d vs. b, p *vs.* q, etcétera, por lo regular los maestros proporcionan información a los niños sobre el sonido de las letras y sus imágenes colocando tarjetas de la letra y de la imagen de un objeto que inicie con una letra asociándolo con su sonido. A la vez, proporcionan información de otras letras de la misma manera, lo que implica dar gran cantidad de información a un mismo tiempo, lo que ocasiona interferencia en el aprendizaje de las distintas letras y por consiguiente su olvido. Lo que podríamos utilizar para disminuir esa interferencia y asegurar el recuerdo exitoso de cada una de las letras son estrategias en donde se presente un tipo de información en un solo momento y en un mismo contexto temporal de la enseñanza, y que no haya información que contradiga o tenga las mismas características de la anterior para de esta manera mejorar la habilidad del niño.

Podríamos hacer una tarea de igualación a la muestra en la que presentáramos primero una letra (*v.g.*, p) y después dos o más letras (*v.g.*, p y q), teniendo que señalar el niño qué letra se le había presentado anteriormente. En otra versión de esta tarea, podríamos decir la letra en voz alta y que nos señalase cuál de las letras incluidas en una lámina se corresponde con el sonido emitido; todo esto presentado en un primer momento. La respuesta correcta a cada una de las letras tendría que ir seguida por una consecuencia. Posteriormente, se presentarían otras letras (*v.g.*, d) y después dos o más letras (*v.g.*, d y b), teniendo que señalar el niño qué letra se le había mostrado anteriormente o presentado de manera auditiva. Dependiendo de qué tipo de información queramos que el niño recuerde presentaríamos un IR, es decir, le preguntaríamos por la letra o letras después de un tiempo, y así aseguraríamos el recuerdo de la información del primer momento y de las letras aprendidas en él. Este procedimiento se puede utilizar también en niños con dificultades de aprendizaje complejo debido a un daño cerebral, para ayudarles a superar los problemas de discriminación de letras que tienen.

Los anteriores sólo han sido algunos ejemplos sobre cómo esta técnica –así como otras derivadas de la investigación experimental como las consecuencias diferenciales, tema tratado en el capítulo 4 de esta obra–, puede aplicarse a aprendizajes escolares específicos. Creemos que son muchos y diversos los aprendizajes que se requieren en el contexto escolar que pueden beneficiarse de la utilización de técnicas y estrategias como las planteadas aquí, cuya aplicación dependerá de los profesionales que trabajan en los diferentes ámbitos escolares, quienes podrán poner en práctica esta estrategia para la enseñanza de niños con dificultades de aprendizaje.

Bibliografía

Aguado, L., De Brugada, I., y Hall, G. (1997). Effects of a Retention Interval on the US-Preexposure Phenomenon in Flavor Aversion. *Learning Learning and Motivation, 28* (3), 311-322.

Artuso, M., y Guzmán, V. (2000). Dificultades de aprendizaje. En CERIL. Disponible en la página: www.ceril.edu/dificultadesdeaprendizaje/

Baddeley, A. (1999). *Memoria humana. Teoría y práctica.* España: McGraw Hill.

Baqués, J., y Sáiz, D. (1999). Medidas simples y compuestas de memoria de trabajo y su relación con el aprendizaje de lectura. *Psicothema, 11* (4).

Bermúdez, P. (1995). Reporte descriptivo de la comprensión de lectura de un texto narrativo, a partir de la elaboración de un resumen, en niños de tercer grado de primaria. En G. Acle (ed.). *Educación especial. Evaluación, intervención e investigación.* México: UNAM.

Bouton, M.E. (1988). Context and ambiguity in the extinction of emotional learning: Some implications for cognitive behavior. *Research and Therapy, 26,*137-149.

—— (1991). Context and retrieval in extinction and in other examples of interference in simple associative learning. En L. Dachowski y C.F. Flaherty (eds.). *Current topics in animal learning: Brain, emotion and cognition.* Hillsdale, N.J: Erlbaum.

—— (1993). Context, time and memory retrieval in the interference paradigms of Pavlovian learning. *Psychological Bulletin, 114* (1), 80-99.

—— (1994). Conditioning, remembering and forgetting. *Journal of Experimental Psychology: Animal Behavior Processes, 20* (3), 219-231.

—— y Brooks, D.C. (1993). Time and context effects on performance in a Pavlovian discrimination reversal. *Journal of Experimental Psychology: Animal Behavior Processes, 19,* 165-179.

—— y Swartzentruber, D. (1991). Sources of relapse after extinction in Pavlovian and instrumental learning. *Clinical Psychological Review, 11,* 123-140.

Brooks, D.C. (2000). Recent and remote extinction cues reduce spontaneous recovery. *Quarterly Journal of Experimental Psychology, 153,* 25-58.

—— y Bouton, M. E. (1993). A retrieval cue for extinction attenuates spontaneous recovery. *Journal of Experimental Psychology: Animal Behavior Processes, 19* (1), 77-89.

——, Karamanlian, B.R. y Foster, V.L. (2001). Extinction and spontaneous recovery of ataxic tolerance to ethanol in rats. *Psychopharmacology, 153*, 491-496.

Brown, A.S. (1976). Spontaneous recovery in human learning. *Psychological Bulletin, 83*, 321-333.

Burdick, C.K., y James, J.P. (1970). Spontaneous recovery of conditioned suppression of licking by rats. *Journal of Comparative and Physiological Psychology, 72*, 467-470.

Burr, D.E.S., y Thomas, D.R. (1972). Effect of proactive inhibition upon the post-discrimination generalization gradient. *Journal of Comparative and Physiological Psychology, 81*, 441-448.

Chandler, C.C. (1991). How memory for an event is influenced by related events: Interference in modified recognition test. *Journal of Experimental Psychology: Learning, Memory and Cognition, 17*, 115-125.

—— (1993). Accesing related events increases retroactive interference in a matching recognition test. *Journal of Experimental Psychology: Learning, Memory and Cognition, 19*, 967-974.

Chiszar, D.A., y Spear, N.E. (1969). Stimulus change, reversal learning and retention in the rat. *Journal of Comparative and Physiological Psychology, 69*, 190-195.

Cole, R.P., Gunther, L.M., y Miller, R.R. (1997). Spontaneous recovery from the effect of relative stimulus validity. *Learning and Motivation, 28* (1), 1-19.

Ebbinghaus, H. (1885). *Über das Gedächtnis: Untersuchungen zur experimentellen Psychologie.* Leipzig: Dunker und Humblot. (Trad. ingl.: *Memory: A contribution to experimental psychology.* Nueva York: Dover Press Edition, 1964).

Estes, W.K. (1955). Statistical theory of spontaneous and regression. *Psychological Review, 62*, 145-154.

Gerheart, B.R. (1987). Incapacidades para el aprendizaje. México: Manual Moderno.

Goddard, M. (1997). Spontaneous recovery in US extinction. *Learning and Motivation, 28*, 118-128.

Gordon, W.C., Frank, S.E., y Hamperg, J.M. (1979). Reactivation induced proactive interference in rats. *American Journal of Psychology, 92*, 693-702.

Gleitman, H. (1971). Forgetting of long-term memories in animals. En W.K. Honig y P.H.R. James (eds.). *Animal memory* (1-144). Nueva York: Academic.

Harris, J.A., Jones, M.L., Bailey, G.K., y Westbrook, R.F. (2000). Context control over conditioned responding in an extinction paradigm. *Journal of Experimental Psychology: Animal Behavior Processes*, *26*, 174-185.

Hull, C.L. (1943). *Principles of behavior*. Nueva York: Appleton-Century-Crofts.

Hulme, C., y Mackenzie, S. (1994). *Dificultades graves del aprendizaje. El papel de lamemoria de trabajo*. Barcelona: Ariel.

Kahng, S.W., Iwata, B.A., Thompson, R.H., y Hanley, G.P. (2000). A method for identifying satiation versus extinction effects under noncontingent reinforcement schedules. *Journal of Applied Behavior Analysis*, *33*, 419-432.

Konorski, J. (1948). *Conditioned reflexes and neuron organization*. Cambridge: Cambridge University Press.

—— (1967). *Integrative activity of the brain: An interdisciplinary approach*. Chicago: University of Chicago Press.

Lerman, D.C., Iwata, B.A., y Wallace, M.D. (1999). Side effects of extinction: Prevalence of bursting and aggression during the treatment of self-injurious behavior. *Journal of Applied Behavior Analysis*, *32*, 1-8.

Morris, R.J., y Blatt, B. (1999). *Educación especial. Investigaciones y tendencias*. Buenos Aires: Panamericana.

Pavlov, I. (1927). *Coditioned reflexes*. London: Oxford University Press.

Rescorla, R.A., y Wagner, A.R. (1972). A theory of pavlovian conditioning: Variations in the effectiveness of reinforcement and nonreinforcement. En A.H. Black y W.F. Prokasy (eds.). *Classical conditioning II: Current research and theory*, Nueva York: Appleton-Century-Crofts.

Robbins, S.J. (1990). Mechanisms underlying spontaneous recovery in autoshaping. *Journal Experimental Psychology: Animal Behavior Processes*, *16*, 235-249.

Romero, M.A, Sánchez, M.J., y Rabadán, A. (1992). Capacidad y estrategias de repaso de la memoria de trabajo en el aprendizaje de la lectura. *Revista de Psicología General y Aplicada*, *45* (2), 417-428.

——, Aragón, L.E., y Silva, A. (2002). Evaluación de las aptitudes para el aprendizaje escolar. En L.E. Aragón y A. Silva (eds.). *Evaluación psicológica en el área educativa* (37-80). México: Pax-México.

——, Vila, J., y Rosas, J.M. (2003). Time and context effects after discrimination reversal in human beings. *Psicológica*, *24*, 169-185.

Rosas, J.M., y Bouton, M.E. (1996). Spontaneous recovery after extinction of a conditioned taste aversion. *Animal Learning and Behavior*, *24*, 341-348.

—— y Alonso, G. (1997). Forgetting of the cs duration in rats: The role of retention interval and training level. *Learning and motivation, 28*, 404-423.

Sattler, J.M. (2003). Evaluación infantil. Aplicaciones conductuales y clínicas. Vol. II. México: Manual Moderno.

Skinner, B.F. (1938). *The Behavior of Organisms.* Nueva York: Appleton Century Crofts.

Skinner, B.F. (1950). Are theories of learning necessary? *Psychological Review, 57*, 193-216.

Slamecka, N.J. (1966). A search for spontaneous recovery of verbal association. *Journal of Verbal Learning and Verbal Behavior, 5*, 205-207.

Spear, N.E. (1971). Forgetting as retrieval failure. En W.K. Honig y P.H.R. James (eds.). *Animal memory* (45-109). San Diego: Academic Press.

Spear, N.E., Smith, G.J., Bryan, R., Gordon, W., Timmons, R., y Chiszar, D. (1980). Contextual influences on the interaction between conflicting memories in the rat. *Animal Learning and Behavior, 8*, 273.281.

Thomas, D.R., Moye, T.B., y Kimose, E. (1984). The recency effect in pigeons' long-term memory. *Animal Learning and Behavior, 12*, 21-28.

——, McKelvie, A.R., y Mah, W.L. (1985). Context as a conditional cue in operant discrimination reversal learning. *Journal of Experimental Psychology: Animal Behavior Processes, 11*, 317-330.

Vila, J., y Rosas, J.M. (2001). Renewal and spontaneous recovery after extinction in a causal learning task. *Mexican Journal of Behavior Analysis, 27*, 79-96.

——, Romero, M.A., y Rosas, J.M. (2002). Retroactive interference after discrimination reversal decreases following temporal and physical context changes in human subjects. *Behavioural Processes , 59*, 47-54.

Romero, M., Vila, J., y Rosales R. (2003). Efecto de las consecuencias diferenciales e intervalo de retención en humanos. *XVI Congreso Mexicano de Análisis de la Conducta*, Vallarta, Jalisco. Octubre.

Wheeler, M.A. (1995). Improvement in recall over time without repeated testing: spontaneous recovery revisited. *Journal of Experimental Psychology: Learning, Memory and Cognition, 21*, 173-184.

CAPÍTULO 4

Aprendizaje discriminativo con procedimientos de consecuencias diferenciales en poblaciones con y sin necesidades educativas especiales

Ángeles F. Estévez y Luis J. Fuentes

Una de las características de nuestra sociedad actual es, sin lugar a dudas, su marcado componente simbólico. Tanto es así, que estamos constantemente discriminando entre diferentes símbolos y actuando en función de la información que éstos nos proporcionan. Por ejemplo, hemos aprendido que el sonido de la sirena de una ambulancia nos indica que debemos apartarnos lo más rápidamente que podamos para dejarle paso, que el color rojo de un semáforo nos señala que debemos frenar, que cuando el botón de llamada de un ascensor está encendido se encuentra ocupado y debemos esperar hasta que quede libre. Este tipo de aprendizaje, el aprendizaje simbólico, es, por tanto, fundamental para un correcto desempeño en nuestra vida cotidiana. Sin embargo, hay personas (*v.g.*, niños y adultos con síndrome de Down) que muestran déficit en relación con el mismo. Por tanto, se hace necesario el desarrollo de herramientas que puedan potenciar y posibilitar dicho aprendizaje discriminativo. Creemos que actualmente nos encontramos frente a una de estas herramientas; nos referimos al procedimiento de consecuencias diferenciales, el cual se encuentra estrechamente vinculado a lo que conocemos como efecto de consecuencias diferenciales (ECD), y que consiste sencillamente en emparejar cada asociación que se ha de aprender con una consecuencia específica (por ejemplo, con un determinado reforzador). Retomemos por un momento un ejemplo de la vida cotidiana. Imaginemos que tenemos que enseñar a un niño el significado de las luces de un semáforo. Podríamos hacer lo siguiente: cada vez que el niño se parase ante un semáforo en rojo le diríamos "muy bien", y cada vez que cruzase la calle ante el semáforo en verde le daríamos un beso. De esta manera estaríamos aplicando el procedimiento de consecuencias diferenciales, es decir, estaríamos reforzando cada asociación que se va a aprender (luz del semáforo-conducta por realizar) con una determinada consecuencia. En este caso, se ha encontrado que el aprendizaje sería mejor y se alcanzaría más rápidamente que si utilizásemos el procedimiento típico de administrar una misma consecuencia tras ambas respuestas correctas (*v.g.*, decir "muy bien" ante las respuestas correctas de parar y de cruzar la calle).

En el presente capítulo comenzaremos abordando en qué consiste el efecto de consecuencias diferenciales, las teorías explicativas que han surgido sobre el mismo, así como las investigaciones realizadas sobre dicho efecto en humanos, centrándonos muy especialmente en un estudio realizado con personas con síndrome de Down. Por último, finalizaremos abordando algunas posibles aplicaciones del procedimiento de consecuencias diferenciales en humanos.

¿En qué consiste el efecto de consecuencias diferenciales?

Para responder a esta pregunta debemos remontarnos a un estudio llevado a cabo por Trapold, en 1970, en el que un grupo de ratas debía realizar una tarea de discriminación sucesiva de dos elecciones. Cada ensayo comenzaba con la presentación de un tono (2000 Hz) o de un sonido clic que permanecía durante todo el ensayo. Tres segundos después de la aparición del estímulo se introducían dos palancas en la cámara experimental. Las ratas tenían que aprender a presionar una palanca (*v.g.*, la situada a la derecha) en presencia de un estímulo (*v.g.*, el tono) y otra palanca (*v.g.*, la situada a la izquierda) ante otro estímulo diferente (*v.g.*, el clic). Los resultados mostraron que las ratas que recibieron una consecuencia específica tras cada elección correcta (*v.g.*, un *pellet* tras presionar la palanca derecha y sacarosa tras presionar la izquierda) aprendieron antes y realizaron mejor la tarea que aquellas cuyas respuestas correctas iban siempre seguidas por el mismo reforzador (*v.g.*, por sacarosa). Trapold interpretó los datos obtenidos en su estudio como una demostración en favor de la existencia de expectativas sobre las consecuencias que se van a recibir luego de realizar una respuesta determinada, y de que éstas se convierten en una fuente más de información que influye en la selección de la respuesta correcta.

Poco después, Brodigan y Peterson (1976), basándose en el estudio que acabamos de exponer, diseñaron un experimento en el que un grupo de palomas tenía que realizar una tarea de igualación simbólica demorada a la muestra. Este tipo de tarea, muy utilizada en estudios posteriores, comienza con la presentación de un único estímulo seleccionado normalmente al azar, de un grupo de dos o más estímulos muestra. Tras la desaparición del estímulo muestra se presentan dos o más estímulos comparación. Uno de los estímulos comparación es designado correcto, por lo que las respuestas a este estímulo son reforzadas, mientras que las respuestas a los demás estímulos son extinguidas o producen un breve "tiempo fuera" (*time-out*). En el caso específico que nos ocupa, cada ensayo comenzaba con la aparición de una luz roja o verde que se proyectaba sobre una palanca central situada en una cámara de condicionamiento operante. Una vez que la paloma había picoteado la muestra cinco veces, ésta desaparecía y luego de un intervalo de 0, 3 o 15 segundos se presentaban los dos estímulos comparación: una línea horizontal y una vertical situada cada una sobre dos palancas laterales. Ante la muestra roja, las palomas debían picotear la palanca en la que se proyectaba la línea horizontal, y ante la verde en la que aparecía la línea vertical.

Tal y como se esperaba, los resultados mostraron que las palomas entrenadas con consecuencias diferenciales aprendían antes y realizaban mejor la tarea que aquellas en la condición de consecuencias no diferenciales. Pero, además, encontraron que, a medida que se incrementaba el intervalo temporal entre la desaparición del estímulo muestra y la aparición de los estímulos comparación, las palomas que recibían consecuencias diferenciales tras sus respuestas correctas obtenían más aciertos que aquellas que recibían consecuencias no diferenciales. El aumento en velocidad de adquisición, exactitud final e incremento de la ejecución en demoras largas que se produce con la utilización de consecuencias diferenciales, es lo que unos años más tarde Peterson y Trapold (1980) van a denominar *efecto de consecuencias diferenciales* (ECD). Este efecto constituye uno de los fenómenos más robustos en cuanto a la retención y aprendizaje de discriminaciones condicionales, habiéndose encontrado con una gran variedad de tareas, consecuencias y poblaciones diferentes (para una revisión vea Goeters, Blakely y Poling, 1992). Parte de los estudios realizados sobre el mismo se han centrado en explorar cuáles son las características y bajo qué circunstancias aparece el efecto. En estos estudios se ha encontrado que la magnitud y la ubicuidad del ECD son impresionantes. Dicho efecto ha sido demostrado con un rango considerable de sujetos (perros, gallinas, caballos, leones marinos, etcétera), consecuencias y tareas, aunque debemos destacar que en la mayoría de los estudios se han utilizado sobre todo palomas y ratas, consecuencias del tipo comida *vs.* no comida y tareas de igualación, demorada o no, a la muestra.

Teorías explicativas

De entre las diferentes teorías explicativas que se han propuesto en relación con el ECD, la Teoría de la Expectativa, originalmente propuesta por Trapold y diferentes colaboradores (Overmier y Lawry, 1979; Peterson y Trapold, 1980; Trapold, 1970; Trapold y Overmier, 1972), ha sido la que ha recibido tradicionalmente un mayor apoyo. Dicha teoría se basa en el supuesto de que cuando un organismo está aprendiendo una tarea, desarrolla ciertas expectativas sobre las consecuencias que va a obtener al realizarla. Estas expectativas son clásicamente condicionadas como resultado de la asociación que se produce, mediante la elección de la respuesta correcta, entre los estímulos discriminativos y las consecuencias. Lo que hace que el entrenamiento con consecuencias diferenciales sea tan efectivo es que permite desarrollar expectativas únicas o específicas que se comportan como estímulos discriminativos, es decir, que sirven como una fuente de información adicional para guiar el comportamiento. Dicho en otras palabras, y utilizando como ejemplo el experimento realizado por Trapold (1970), cuando un tono (E1) es seguido regularmente por una consecuencia (C1), un *pellet*, dicho estímulo evocará un estado o respuesta aprendida denominada expectativa de dicha consecuencia, o Ex1 (Figura 4.1). Como la expectativa ocurre consistentemente antes de la respuesta (R1, presionar la palanca de la derecha) y posee propiedades estimulares, esta expectativa pasará a ser un estímulo discriminativo para R1 al igual que lo es E1 (el tono). Así, los sujetos que reciben reforzadores diferentes tras las elecciones correctas tendrían una fuente de control adicional a la que podrían condicionarse las respuestas durante el aprendizaje, por lo que se esperaría que éste fuese más rápido. Por el contrario, los sujetos que reciben un mismo reforzador aprenderían más lentamente, ya que E1 y E2 evocarían la misma expectativa y ambas respuestas podrían condicionarse a ella (Figura 4.1). Por tanto, la única fuente de información disponible para estos sujetos sería la información proporcionada por el estímulo. Más aún, como las expectativas perduran más tiempo que los trazos de los estímulos discriminativos externos (Peterson y Trapold, 1980), los sujetos que reciben consecuencias diferenciales serán capaces de realizar problemas de discriminación condicional, que implican demoras entre la señal condicional y los estímulos de elección, a un nivel superior de competencia que los sujetos que reciben consecuencias comunes.

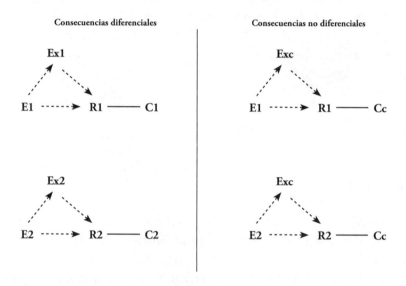

Figura 4.1. Representación esquemática de la Teoría de la Expectativa aplicada a un aprendizaje de discriminación condicional cuando se utilizan consecuencias diferenciales o no diferenciales: ---> = asociaciones hipotéticas, E = estímulo, Ex = expectativa, R = respuesta, C = consecuencias.

Una explicación alternativa a la Teoría de la Expectativa se conoce como Teoría de la Asociación hacia atrás y fue propuesta originariamente por Rescorla (1992, 1994) y Rescorla y Colwill (1989). Al igual que la Teoría de la Expectativa, ésta se basa en la idea de que con un entrenamiento repetido la presentación del estímulo muestra evoca una representación cognitiva de la consecuencia, y esa representación influye en la respuesta. Sin embargo, la diferencia básica entre ambas consiste en que esta teoría sugiere que la elección de la respuesta se produce a través de las asociaciones bidireccionales existentes entre ellas y las consecuencias. Es decir, la presentación del estímulo generará una representación de la consecuencia que, a su vez, activará la respuesta asociada con dicha consecuencia, debido a que la asociación respuesta-consecuencia es simétrica o bidireccional.

En un estudio reciente con niños, Estévez, Overmier y Fuentes (2003) comprobaron que tanto las asociaciones estímulo-consecuencia, en línea con lo predicho por la Teoría de la Expectativa, como las asociaciones respuesta-consecuencia influyen por igual en el efecto de consecuencias diferenciales. Estos mismos resultados se han encontrado en estudios que han utilizado palomas como sujetos experimentales (Urcuioli y DeMarse, 1996, 1997; Urcuioli, 2005, para una revisión reciente), que apuntan a la importante contribución que ambos tipos de asociaciones tienen para el aprendizaje discriminativo en sujetos humanos y animales.

Estudios realizados con humanos

Primeros estudios

En 1962, Shepp aportó los primeros datos acerca de que las consecuencias específicas pueden desempeñar alguna función en determinados aprendizajes discriminativos. De hecho, encontró que asociar consecuencias específicas con las diferentes posiciones en las que podía aparecer un estímulo, interfería o facilitaba el aprendizaje de un grupo de niños con retraso mental en función de si la posición era relevante o no para la correcta realización de la tarea. Esta hipótesis fue desarrollada y puesta a prueba con 122 niños con retraso mental que tenían que realizar discriminaciones simultáneas y sucesivas. La idea de la que parte es que en los problemas de discriminación simultánea la posición de los estímulos es irrelevante, ya que el que se obtenga o no un reforzador depende exclusivamente del objeto que eliges (*v.g.*, al presentarse una esponja y un jabón has de escoger siempre este último), mientras que en los de discriminación sucesiva ocurre lo contrario (*v.g.*, cuando se presentan dos jabones has de elegir el que se encuentra a la izquierda, y cuando se presentan dos esponjas has de señalar la situada a la derecha). Por tanto, asociar distintos reforzadores con cada posición tendrá como consecuencia un retraso en la solución de los problemas de discriminación simultánea y facilitará la solución en los de discriminación sucesiva. Los resultados obtenidos en el experimento confirmaron la hipótesis de partida de Shepp. La utilización de reforzadores específicos asociados con determinadas posiciones facilitó la ejecución en la tarea de discriminación sucesiva e interfirió con la ejecución en la tarea de discriminación simultánea.

Pocos años después, Hewett (1965) publicó un trabajo sobre un programa de entrenamiento del habla con un niño autista, en el que concluyó que la utilización de consecuencias diferenciales facilitaba la adquisición de discriminación entre dos palabras ("go" y "my"). Sin embargo, posteriormente Stark, Giddan y Meisel (1968) señalaron, en un estudio similar con otro niño autista, que la fuerza o valor motivacional de los reforzadores administrados en la tarea podría ser un factor más importante que el hecho de que dichos reforzadores se presentasen o no de manera diferencial. Con el objetivo de comprobar cuál de las dos opciones era la más acertada, Litt y Schreibman (1981) diseñaron un experimento en el que seis niños autistas tenían que realizar una tarea de discriminación de vocabulario receptivo bajo tres procedimientos de reforzamiento: *1)* Específico, ante dos objetos diferentes el experimentador le pedía al niño que le diese uno de ellos, y si la respuesta era correcta, se le daba el reforzador específico a ese objeto, siendo los dos reforzadores utilizados igualmente preferidos por cada niño; *2)* Saliente, igual que el anterior sólo que luego de la respuesta correcta se presentaba el reforzador más deseado por el niño en una prueba de preferencia realizada anteriormente, y *3)* Variado, igual que el reforzamiento específico con la excepción de que en este caso las dos consecuencias se administraron al azar. Los resultados mostraron que el procedimiento de reforzamiento específico produjo tasas de adquisición de vocabulario receptivo más altas que las otras dos condiciones, a pesar de que los reforzadores utilizados en dicha condición eran menos deseados que los utilizados en la de reforzamiento saliente, siendo esta última la condición menos efectiva. Estos resultados señalan que cuanto mayor es la relación entre los estímulos y los reforzadores mayor es el aprendizaje con independencia de que los reforzadores utilizados sean o no los más preferidos, es decir, tengan o no una mayor fuerza motivacional (vea resultados similares en Saunders y Sailor, 1979).

Aproximación sistemática al estudio del ECD en humanos

A pesar de que en las investigaciones citadas se plantea como objetivo estudiar el papel que las consecuencias, y el modo de administrarlas, desempeña en el aprendizaje, podemos decir que el primer estudio en el que se intenta explorar, de una forma sistemática, el ECD en humanos basándose en los hallazgos obtenidos sobre el mismo en investigaciones con animales, es el realizado por Dube, Rocco y Mcilvane (1989). Concretamente, compararon la ejecución de cuatro adultos con retraso mental en una tarea de igualación demorada a la muestra cuando se administraban consecuencias diferenciales o no diferenciales. Aunque esperaban encontrar que el ECD fuese más acusado a medida que aumentaba la demora entre la desaparición del estímulo muestra y la aparición de los estímulos comparación, dicho efecto no fue observado. Dube *et al.* (1989) expusieron posibles razones que podían explicar este resultado negativo, incluidas diferencias en las variables que controlan la ejecución en la igualación demorada a la muestra en humanos y animales, y diferencias en el nivel de privación presente en su estudio y en los trabajos desarrollados con palomas.

A diferencia de los resultados obtenidos por Dube *et al.* (1989), Malanga y Poling (1992) observaron que la utilización de un procedimiento de consecuencias diferenciales mejoraba el aprendizaje discriminativo de cuatro adultos con retraso mental. En este caso, los participantes tenían que realizar una tarea de discriminación sucesiva de dos elecciones que consistía en presentarles un par de letras similares, dibujadas en tarjetas, y pedirles que tocasen una de ellas. En la condición de consecuencias diferenciales se administraron diferentes reforzadores (comida o frase verbal) luego de las respuestas correctas a cada una de las letras, mientras que en la de consecuencias no diferenciales ambos reforzadores se utilizaron con igual frecuencia, independientemente de cuál había sido la letra correctamente señalada. Cuando se analizaron los datos se encontró que el porcentaje medio de respuestas correctas fue 84% en la condición de consecuencias diferenciales y 57% en la de consecuencias no diferenciales, es decir, el ECD fue evidente.

Posteriormente, Maki, Overmier, DeLos y Gutman (1995) llevaron a cabo una serie de experimentos con el fin de confirmar en humanos la existencia y el papel funcional de las expectativas. Los resultados obtenidos indicaron que cuando se enseña a un grupo de niños una tarea de discriminación condicional (igualación demorada a la muestra) utilizando un procedimiento de consecuencias diferenciales, éstos aprenden más rápidamente, tienen expectativas sobre las consecuencias, y pueden basarse en dichas expectativas para resolver nuevos problemas de discriminación que implican las mismas consecuencias. Según los autores, estos resultados muestran el ECD en niños de edades comprendidas entre cuatro años y medio y cinco años y medio, a la vez que apoyan la Teoría de la Expectativa como explicación de dicho efecto.

Como acabamos de ver, en los estudios hasta ahora abordados se ha encontrado que la utilización del procedimiento de consecuencias diferenciales mejora el aprendizaje discriminativo en niños y adultos con retraso mental y niños de temprana edad, por lo que cabría preguntarse si dicho procedimiento será efectivo solamente en estas poblaciones o si, por el contrario, tendrá un campo de aplicación más amplio, lo cual reforzaría su utilidad como herramienta de aprendizaje. Para comprobar si, tal y como señalan Goeters *et al.* (1992) y Maki *et al.* (1995), el ECD se limita sólo a edades tempranas del desarrollo, Estévez y colaboradores (Estévez y Fuentes, 2003; Estévez, Fuentes, Marí-Beffa, González y Álvarez, 2001) realizaron una serie de estudios con niños con edades comprendidas entre cuatro años y ocho años y medio. Los niños debían realizar una tarea de igualación demorada a la muestra similar a la utilizada por Maki *et al.* (1995). Cada ensayo comenzaba con la presentación de un dibujo (estímulo muestra), seguido, tras una breve demora, por otros dos dibujos (estímulos comparación). Ambos tipos de estímulos aparecían impresos en tinta negra sobre las hojas en blanco de un cuaderno. Los participantes señalaban el estímulo muestra y después intentaban elegir, entre las dos alternativas, el dibujo que "iba con" la muestra (Figura 4.2). Aquellos en la condición de consecuencias diferenciales recibieron consistentemente una recompensa luego de la respuesta correcta a un estímulo discriminativo (*v.g.*, una ficha verde que posteriormente cambiaría por juguetes), y otra diferente después de la respuesta correcta al otro estímulo discriminativo (*v.g.*, una ficha roja que podía cambiarse por comida). Los asignados a la condición de consecuencias no diferenciales también recibieron recompensas después de cada respuesta correcta, pero éstas se administraron al azar. Los resultados obtenidos mostraron que los niños con edades comprendidas entre cuatro años y siete años y medio aprendieron mucho mejor a discriminar las relaciones simbólicas entre dos estímulos muestras y dos estímulos comparación cuando se utilizaron consecuencias diferenciales. Cabe destacar que el ECD se observó en el grupo de mayor edad (de siete años y medio a ocho años y medio) sólo cuando se aumentó el nivel de dificultad de la tarea utilizada. Estévez *et al.* (2001, 2003) señalaron que, en su conjunto, los resultados obtenidos en estos estudios indicaban que el ECD es un efecto general, que no se limita a etapas tempranas de desarrollo, y que cuando la tarea es sencilla y el sujeto puede resolverla fácilmente el procedimiento de consecuencias diferenciales no produce ninguna mejora en la ejecución. Por tanto, para obtener algún beneficio derivado de la utilización de dicho procedimiento se debe tener en cuenta la dificultad de la tarea que vamos a utilizar.

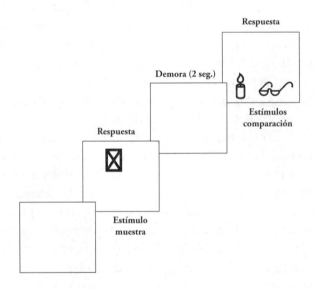

Figura 4.2. Secuencia de eventos presentados en la tarea de igualación simbólica a la muestra utilizados en los estudios realizados por Estévez y colaboradores (Estévez y Fuentes, 2003; Estévez, Fuentes, Overmier y González, 2003; Estévez, Fuentes, Marí-Beffa, González y Álvarez, 2001).

Siguiendo con el rango de edad en el que el ECD puede encontrarse, este efecto se ha observado también en dos estudios realizados con adultos sin déficit cognitivo. En el primero, Miller, Waugh y Chambers (2002) intentaron comprobar si dicho efecto aparecía en un grupo de estudiantes universitarios utilizando una tarea de discriminación en la que debían aprender el significado de quince caracteres japoneses. Los participantes en la condición de consecuencias diferenciales aprendieron más rápido su significado que aquellos en la condición de consecuencias no diferenciales. Por otra parte, Estévez, Vivas, Alonso, Marí-Beffa, Fuentes y Overmier (2007) realizaron un estudio con el objetivo de comprobar si la utilización de consecuencias diferenciales facilitaba la ejecución en un grupo de adultos sin déficit cognitivos que tenían que realizar una tarea de discriminación que para algunos resultaba complicada, decidir si los signos matemáticos > (mayor que) y < (menor que) eran utilizados de manera correcta. Los resultados obtenidos en un primer experimento mostraron que para las personas a quienes la tarea les resultaba difícil, el hecho de recibir consecuencias diferenciales optimizaba la ejecución disminuyendo el tiempo que se tardaba en emitir la respuesta correcta. Por el contrario, aquellos que discriminaban con facilidad entre los símbolos > y <, lo que hacía que la tarea les pareciera muy fácil, no obtuvieron ningún beneficio de la utilización de consecuencias diferenciales. En un segundo experimento, la dificultad de la tarea fue aumentada cambiando los signos (positivo y negativo) de los dos números decimales relacionados por el símbolo > o el símbolo <. A diferencia del experimento 1, el ECD fue observado al analizar los datos de precisión (porcentaje de aciertos), pero no de velocidad de respuesta (tiempos de reacción). Estos resultados apoyan la hipótesis de que este efecto no se limita a edades tempranas del desarrollo y de que la dificultad de la tarea es una variable importante que debe tenerse en cuenta cuando se explora la aplicación del procedimiento de consecuencias diferenciales en humanos.

Por último, en dos investigaciones recientes se ha estudiado si la utilización de consecuencias diferenciales puede ayudar a mejorar los déficit que presentan las personas afectadas por el *síndrome de Prader-Willi* y aquellas con *demencia de tipo alcohólico*, en relación con el aprendizaje discriminativo y la memoria de corto plazo, respectivamente. Respecto del síndrome de Prader-Willi, un desorden congénito que se caracteriza por un desarrollo físico incompleto, labilidad emocional, obesidad y dificultades de aprendizaje o retraso mental, Joseph, Overmier y Thompson (1997) encontraron que el procedimiento de consecuencias diferenciales fue útil para enseñar, a los siete adultos que participaron en el estudio, las relaciones condicionales necesarias para la formación de dos clases de equivalencia. Por su parte, Hochhalter, Sweeney, Bakke y Overmier (2000) encontraron que tres pacientes que presentaban *am-*

nesia inducida por alcohol, mostraban un mejor reconocimiento de caras cuando se administraron consecuencias diferenciales durante la fase de aprendizaje de la tarea. Estos hallazgos sugieren que la utilización del procedimiento de consecuencias diferenciales puede mejorar, e incluso posibilitar, el recuerdo y la adquisición de aprendizajes en personas que presentan un deterioro relacionado con dichos procesos.

ECD y síndrome de Down

Como todos sabemos, el síndrome de Down está asociado con una serie de características físicas que pueden detectarse fácilmente desde el nacimiento, así como un conjunto de alteraciones o problemas de salud (*v.g.*, enfermedades cardiovasculares, pérdida de visión, etcétera). Además de los problemas de salud, que se pueden manifestar en mayor o menor intensidad, las personas con síndrome de Down presentan un conjunto de déficit cognitivos entre los que se incluyen dificultades con el procesamiento de la información auditiva, la memoria de corto plazo y el procesamiento de material simbólico y abstracto (Arraiz, 1994; Jarrold, Baddeley y Hewes, 2000). Cabe destacar que aunque, en general, la adquisición de aprendizajes es lenta, se ha observado que su capacidad para aprender es alta. Este potencial sugiere que la elaboración de métodos adaptados a sus capacidades puede conseguir resolver o, al menos mejorar, algunos de los problemas relacionados con este síndrome (Molina y Arraiz, 1993).

Estévez, Fuentes, Overmier y González (2003), basándose en estos datos, plantearon que las personas con síndrome de Down podrían ser especialmente sensibles a la utilización del procedimiento de consecuencias diferenciales con el que intentar mejorar el déficit que presentan respecto del aprendizaje de relaciones simbólicas. Para comprobar esta hipótesis, realizaron un estudio en el que participaron 24 niños y adultos con síndrome de Down, cuyas edades oscilaban entre 6 y 37 años (cuadro 4.1). Los participantes debían realizar una tarea de igualación simbólica demorada a la muestra, similar a la utilizada por Estévez *et al.* (2001). Específicamente, tenían que seleccionar de entre dos dibujos, o estímulos comparación, aquel que creían que se emparejaba con un dibujo que se le había presentado previamente (el estímulo muestra). Todos los participantes pasaron por las dos condiciones, diferencial y no diferencial, con una semana de diferencia entre ellas. La tarea fue la misma en ambas sesiones; sin embargo, los estímulos utilizados, así como las asociaciones que debían aprender entre los estímulos muestra y los estímulos comparación, fueron diferentes. Este procedimiento permitía valorar, en cada uno de los participantes por separado, si la utilización de consecuencias diferenciales realmente facilitaba la ejecución y el aprendizaje de la tarea discriminativa en comparación a cuando se administraba el procedimiento común o de consecuencias no diferenciales.

Cuadro 4.1. Sexo, edad cronológica y edad mental o equivalente calculada a partir de las puntuaciones obtenidas en el Test de Vocabulario en Imágenes Peabody (TVIP, Peabody Picture Vocabulary Test). a.: años, m.: meses.

Nombre	Sexo	Edad cronológica	Peabody
C.	H	11 a. 6 m.	3 a. 6 m.
P.	H	13 a. 6 m.	4 a.1 m.
J. F.	H	12 a. 5 m.	3 a. 5 m.
M. A.	H	10 a. 6 m.	4 a. 10 m.
B.	M	6 a. 5 m.	3 a. 8 m.
Re.	M	6 a. 1 m.	3 a. 5 m.
R.	M	7 a. 6 m.	3 a. 7 m.
L.	M	6 a. 9 m.	3 a. 10 m.
M. M.	M	15 a. 3 m.	5 a. 2 m.
I. M.	M	29 a. 4 m.	5 a. 3 m.
I.	M	9 a. 3 m.	5 a. 2 m.
R.	H	37 a. 2 m.	5 a. 11 m.
F.	H	15 a. 5 m.	5 a. 7 m.
Be.	M	10 a.	5 a. 1 m.
M.	H	11 a. 1 m.	5 a. 8 m.
J. A.	H	8 a.	5 a. 2 m.
Cr.	M	13 a. 9 m.	7 a. 3 m.
Ir.	M	13 a. 3 m.	9 a. 5 m.
La.	M	13 a. 3 m.	9 a. 1 m.
J. M.	H	21 a. 2 m.	6 a. 10 m.
S.	M	19 a. 3 m.	7 a. 4 m.
M. An.	H	20 a. 1 m.	7 a. 8 m.
J.	H	20 a. 4 m.	9 a. 10 m.
A.	H	17 a. 7 m.	7 a. 1 m.

En la primera condición, o de consecuencias diferenciales, luego de cada respuesta correcta se administraba un reforzador secundario específico (concretamente, una ficha roja o una verde). Al finalizar la sesión, las fichas rojas se cambiaban por comida –galletas, caramelos y bolsas de cereales tostados– y las verdes por juguetes –lápices de colores, estampas, caretas y globos–. Cuando los participantes eran mayores de diez años se utilizaron juguetes, bolígrafos, gomas de borrar, libretas y sobres decorados con dibujos. En la condición de consecuencias no diferenciales, esos mismos reforzadores se administraron aleatoriamente luego de cada respuesta correcta (Figura 4.3).

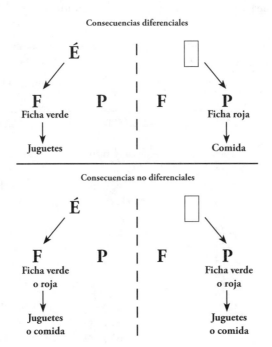

Figura 4.3. Ejemplo de las condiciones experimentales utilizadas por Estévez, Fuentes, Overmier y González (2003).

Al analizar por separado los porcentajes de aciertos obtenidos, en cada una de las condiciones, por cada participante en los 64 ensayos de discriminación condicional que componían la tarea, se encontró, en todos los casos, una mejor ejecución en la condición de consecuencias diferenciales. Cabe destacar que el ECD fue observado no sólo cuando se analizaron los datos de cada participante como caso único, sino también cuando éstos fueron analizados agrupando a los participantes en función de su edad mental, calculada a partir de las puntuaciones obtenidas en el *test* de vocabulario en imágenes Peabody. Es decir, cuando se administraron consecuencias diferenciales tras sus respuestas correctas aprendieron antes y mejor la tarea que cuando dichas consecuencias eran no diferenciales. De hecho, en esta última condición la ejecución giró en torno del nivel de azar (Figura 4.4), lo que indica lo difícil que era, para estos niños y adultos con síndrome de Down, aprender las discriminaciones simbólicas implicadas en la tarea.

Los resultados obtenidos en este estudio demuestran que la utilización de consecuencias diferenciales mejora el aprendizaje de relaciones simbólicas en niños y adultos con síndrome de Down. Creemos que una manipulación tan sencilla como administrar de forma diferencial las consecuencias que siguen a unas determinadas respuestas puede ser utilizada en el futuro como herramienta de apoyo en contextos más aplicados, ya que podría facilitar, e incluso posibilitar, en personas con síndrome de Down el aprendizaje de tareas cotidianas que impliquen discriminaciones simbólicas similares a las utilizadas en este estudio, discriminaciones que en otras circunstancias serían muy difíciles de aprender. Además, utilizando este procedimiento se les podría enseñar clases de equivalencia estimular como, por ejemplo, que el número 3, la palabra 'tres' y el símbolo romano III tienen el mismo significado.

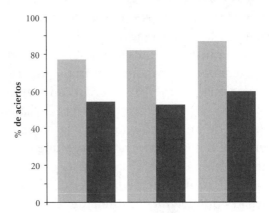

Figura 4.4. Porcentaje medio de respuestas correctas obtenido en los 32 primeros ensayos de discriminación condicional en función de la edad mental (en Estévez, Fuentes, Overmier y González, 2003).

Aplicaciones potenciales

Como acabamos de ver, los distintos estudios abordados muestran que presentar consecuencias únicas después de cada respuesta de elección correcta, hace que el aprendizaje discriminativo sea mejor y más rápido. Todos los resultados anteriormente expuestos señalan que el procedimiento de consecuencias diferenciales parece tener un gran potencial como técnica de mejora y optimización de aprendizajes discriminativos en diversos contextos aplicados (*v.g.*, en colegios o en centros de la tercera edad). Veamos alguna de estas posibles aplicaciones.

Respecto del ámbito académico, son muchas las situaciones en las que el niño tiene que aprender emparejamientos arbitrarios o relaciones simbólicas entre estímulos o entre estímulos y respuestas. Por ejemplo, podríamos utilizar el procedimiento de consecuencias diferenciales para mejorar la habilidad del niño para discriminar letras visualmente similares, como u *vs.* v, d *vs.* b, etcétera. Podríamos hacer una tarea de igualación en la que presentaríamos primero una letra (*v.g.*, p) y después dos o más letras (*v.g.*, p y q), teniendo que señalar el niño qué letra se le había presentado anteriormente. En otra versión de esta tarea, podríamos decir la letra en voz alta y que nos señalase cuál de las letras incluidas en una lámina se corresponde con el sonido emitido. La respuesta correcta a cada una de las letras tendría que ir seguida por un reforzador específico. Se podría instaurar un sistema de puntos en el que cada par de estímulos correctamente emparejados iría seguido por puntos de un determinado color que, a su vez, se podrían cambiar al final del día por un premio específico (*v.g.*, la elección correcta de la letra p iría seguida por la consecución de un punto naranja, y la obtención de 10 puntos naranja permitiría al niño seleccionar el juego que se va a utilizar ese día en la última media hora de clase; la respuesta correcta a la letra q sería reforzada con puntos azules que podrían ser cambiados al final de clase por otra actividad completamente diferente: ser el encargado de regar las plantas de clase. También podría realizarse una versión informatizada de esta tarea en la que cada respuesta correcta fuese seguida por un reforzador administrado por el propio programa (*v.g.*, la melodía de una serie de dibujos *vs.* la presentación de personajes animados). Este mismo procedimiento se podría utilizar en niños y pacientes con dislexia, para ayudarles a superar los problemas de discriminación de letras que a veces presentan.

Además de aplicarse en el aprendizaje de aspectos concretos de una lengua, el procedimiento de consecuencias diferenciales también se podría usar en otras áreas del conocimiento, como geografía y matemáticas. En el primer caso, a veces resulta difícil asociar un lugar determinado del mapa de un país con el nombre de esa región. Se podría diseñar fácilmente una tarea de igualación a la muestra en la que las muestras utilizadas fueran mapas con diferentes regiones señaladas y los estímulos de comparación los nombres de dichas regiones. Cada asociación correcta debería ir seguida por una consecuencia específica; por ejemplo, por la fotografía de una comida o paisaje típico de esa región. Sobre las matemáticas, Estévez *et al.* (2007) ya han demostrado en adultos cómo la utilización de consecuencias diferenciales ayuda a mejorar la discriminación entre dos símbolos matemáticos (> y <). La misma metodología empleada en este trabajo se puede utilizar en el aprendizaje discriminativo de otros muchos símbolos matemáticos (*v.g.*, v *vs.* w).

La utilización de consecuencias diferenciales también puede ser una técnica útil para ayudar a los ancianos a realizar una conducta tan habitual para ellos como discriminar entre los diferentes medicamentos que han de tomar. En función de cada caso particular, podemos establecer un entrenamiento que implique asociar *1)* Una hora o momento del día con cada píldora o medicamento que se han de tomar; *2)* Cada medicamento con su nombre correspondiente, o *3)* Cada medicamento con la dolencia o enfermedad relacionado con el mismo. De igual forma, podemos aplicar el procedimiento de consecuencias diferenciales para mejorar la discriminación de caras o de cualquier otro estímulo con el que el anciano presente dificultades.

Éstos sólo han sido algunos ejemplos sobre cómo esta técnica puede aplicarse a ámbitos y aprendizajes específicos. Creemos que son muchos y diversos los aprendizajes discriminativos que pueden beneficiarse de la utilización del procedimiento de consecuencias diferenciales, cuyo descubrimiento dependerá fundamentalmente de los profesionales que trabajan en los diferentes ámbitos, quienes podrán poner en práctica esta técnica de manera fácil y flexible.

Conclusiones

Aunque los estudios realizados sobre el ECD en humanos no son especialmente numerosos, pueden extraerse varias conclusiones de ellos. En primer lugar, los resultados obtenidos hasta la fecha indican que, contrariamente a lo que en un principio se creía, el ECD es un efecto general que no se limita a las primeras etapas del desarrollo, lo que amplía de manera considerable su posible campo de aplicación. De hecho, el efecto se ha observado tanto en niños y adultos con retraso mental como en niños y adultos sin déficit cognitivo. En segundo lugar, se ha encontrado que la dificultad de la tarea por realizar es un factor fundamental que debe tenerse en cuenta cuando se utiliza el procedimiento de consecuencias diferenciales. Específicamente, cuanto más fácil es la tarea utilizada, menos probable es que mejore el aprendizaje de la misma al administrar consecuencias diferenciales. Por último, cabe señalar que parece que nos encontramos frente a un procedimiento útil para facilitar el aprendizaje y el recuerdo de discriminaciones simbólicas complejas en poblaciones que presentan déficit asociados tanto con el aprendizaje discriminativo como con la memoria de corto plazo, tal y como indican los resultados obtenidos en los estudios realizados con adultos con el síndrome de Prader-Willi, con personas con amnesia inducida por alcohol y con niños y adultos con síndrome de Down.

Bibliografía

Arraiz, A. (1994). Deficiencia mental: Niños con síndrome de Down. En S. Molina García (ed.). *Bases psicopedagógicas de la educación especial* (384-406). Alcoy: Marfil.

Brodigan, D.L., y Peterson, G.B. (1976). Two-choice condicional discrimination performance of pigeons as a function for reward expectancey, pre-choice delay, and domesticity. *Animal Learning & Behavior.*

Dube, W.V., Rocco, F.J., y Mcilvane, W.J. (1989). Delayed matching-to-sample with outcome specific contingencies in mentally retarded humans. *The Psychological Record, 39,* 483-492.

Estévez, A.F., y Fuentes, L.J. (2003). Differential outcomes effect in four-year-old children. *Psicológica, 24,* 159-167.

——, Fuentes, L.J., Mari-Beffa, P., González, C., y Alvarez, D. (2001). The differential outcomes effect as useful tool to improve conditional discrimination learning in children. *Learning and Motivation, 1* (32), 48-64.

——, Fuentes, L.J., Overmier, J.B., y González, C. (2003). Differential outcomes effect in children and adults with Down syndrome. *American Journal on Mental Retardation, 2,* 108-116.

——, Overmier, J.B., y Fuentes, L.J. (2003). Differential outcomes effect in children: Demonstration and mechanisms. *Learning and Motivation, 34,* 148-167.

——, Vivas, A.B., Alonso, D., Marí-Beffa, P., Fuentes, L.J., y Overmier, J.B. (2007). Enhancing challenged students' recognition of mathematical relations through differential outcomes training. *Quarterly Journal of Experimental Psychology, 60* (4), 571-580.

Goeters, S., Blakely, F., y Poling, A. (1992). The differential outcomes effect. *The Psychological Record, 42,* 389-411.

Hewett, F.M. (1965). Teaching speech to an autistic child through operant conditioning. *American Journal of Orthopsychiatry, 35,* 927-936.

Hochhalter, A.K., Sweeney, W.A., Bakke, B.L., Holub, R.J., y Overmier, J.B. (2000). Improving face recognition in Alcohol Dementia. *Clinical Gerontologist, 22* (2), 3-18.

Jarrold, C., Baddeley, A.D., y Hewes, A.K. (2000). Verbal short-term memory deficits in Down's syndrome: A consequence of problems in rehearsal? *Journal of Child Psychology and Psychiatry and Allied Disciplines, 41,* 223-244.

Joseph, B., Overmier, J.B., y Thompson, T. (1997). Food and nonfood related differential outcomes in equivalence learning by adults with Prader-Willi syndrome. *American Journal on Mental Retardation, 4,* 374-386.

Litt, M.D., y Schreibman, L. (1981). Stimulus-specific reinforcement in the acquisition of receptive labels by autistic children. *Analysis and Intervention in Developmental Disabilities, 1,* 171-186.

Maki, P., Overmier, J.B., Delos, S., y Gutman, A.J. (1995). Expectancies as factors influencing conditional discrimination performance of children. *The Psychological Record, 45,* 45-71.

Malanga, P., y Poling, A. (1992). Letter recognition by adults with mental handicaps: Improving performance through differential outcomes. *Developmental Disabilities Bulletin, 20,* 39-48.

Molina, S., y Arraiz, A. (1993). *Procesos y estrategias cognitivas en niños deficientes mentales.* Madrid: Pirámide.

Overmier, J.B., y Lawry, J.A. (1979). Pavlovian conditioning and the mediation of behavior. En G.H. Bower (ed.). *The psychology of learning and motivation* (1-56). Nueva York: Academic Press.

Peterson, G.B., y Trapold, M.A. (1980). Effects of altering outcome expectancies on pigeons' delayed conditional discrimination performance. *Learning and Motivation, 11,* 267-288.

Rescorla, R.R., (1992). Response-outcome versus outcome-response associations in instrumental learning. *Animal Learning & Behavior, 20* (3), 223-232.

—— (1994). Transfer of instrumental control mediated by a devalued outcome. *Animal Learning & Behavior, 22* (1), 27-33.

—— y Colwill, R.M. (1989). Associations with anticipated and obtained outcomes in instrumental training. *Animal Learning & Behavior, 17,* 291-303.

Saunders, R., y Sailor, W. (1979). A comparison of three strategies of reinforcement on two-choice learning problems with severely retarded children. *AAESPH Review, 4,* 323-333.

Shepp, B.E. (1962). Some cue properties of anticipated rewards in discrimination leaning of retardates. *Journal of Comparative and Physiological Psychology, 55,* 856-859.

Stark, J., Giddan, J.J., y Meisel, J. (1968). Increasing verbal behavior in an autistic child. *Journal of Speech and Hearing Disorders, 33,* 42-48.

Trapold, M.A. (1970). Are expectancies based upon different positive reinforcing events discriminably different? *Learning and Motivation, 1,* 129-140.

—— y Overmier, J.B. (1972). The second learning process in instrumental learning. En A.A. Black & W.F. Prokasy (eds.), *Classical conditioning: Vol.*

2. Current research and theory (427-452). New York: Appleton-Century-Crogsts.

Urcuioli, P.J. (2005). Behavioral and associative effects of differential outcomes in discrimination learning. *Learning and Behavior, 33,* 1-21.

—— y DeMarse, T. (1996). Associative processes in differential outcome discriminations. *Journal of Experimental Psychology: Animal Behavior Processes,* 2, 192-204.

—— y DeMarse, T. (1997). Some further test of response-outcome associations in differential-outcome matching-to-sample. *Journal of Experimental Psychology: Animal Behavior Processes, 23,* 171-182.

Capítulo 5

Integración de los padres al manejo conductual de sus hijos autistas

Víctor García, Adriana Alvarado,
Eliseo Bautista y Mucio Romero

El autismo, como problema conceptualmente definido, comenzó con la introducción del término en el lenguaje de la psiquiatría por Eugenio Bleuler (Frith, 1991; Paluszny, 1991; Polaino-Lorente, 1982). Para Bleuler, el término autismo describía un tipo de síndrome en pacientes esquizofrénicos adultos (Calderón y Patiño, 1994): a. retraimiento o despego de la realidad; b) absoluto o parcial predominio del "mundo interior"; c. pérdida del sentido de la realidad, y d. pensamiento esquizofrénico.

Previo al hallazgo en adultos, ningún psiquiatra había reconocido para los niños una característica específica en relación con los adultos. Tuvieron que pasar algunos años hasta que Leo Kanner en 1943 publicó once observaciones de niños psicóticos de conducta muy particular (López, 1995). Kanner identificó una serie de síntomas que denominó "autismo infantil precoz" (Brauner y Brauner, 1981; Paluszny, 1991; Polaino-Lorente, 1982; Tustin, 1984; Wing, 1981). De acuerdo con Wing (1982a), los rasgos que Kanner consideró de importancia fundamental en el autismo, fueron:

a. Falta de contacto afectivo con otras personas.
b. Insistencia obsesiva por mantener el ambiente sin cambios, y por repetir una gama limitada de actividades ritualizadas; actividades de juego repetitivas y estereotipadas, escasamente flexibles y poco imaginativas.
c. Fascinación por objetos susceptibles de ser manipulados a través de finos movimientos motores.
d. Aparición de un tipo de lenguaje cuya función no parece ser la comunicación interpersonal. Existencia de retraso y alteraciones en la adquisición y el uso del habla y el lenguaje. Tendencia al

empleo de un lenguaje no comunicativo y con alteraciones pecu-
liares, como la ecolalia y la propensión a invertir los pronombres
personales.

e. Aparente fisonomía inteligente y pensativa con un alto potencial
cognitivo, el cual se manifiesta entre aquellos que saben hablar
mediante proezas de memoria, y entre los niños que no hablan
por sus buenos resultados en *test* de ejecución.

Posterior a Kanner, muchos especialistas conceptualizaron que los niños
autistas decidían separarse "conscientemente" de un mundo hostil, poco
estimulante, parecido al alejamiento "por elección" descrito por Bleuler
en el caso de sus pacientes esquizofrénicos. Sobre la base de esta consideración y concibiendo el seno familiar como al factor determinante en el
origen del autismo, los especialistas comenzaron a etiquetar a los padres
(particularmente a las madres) como fríos, egoístas y poco estimulantes,
haciéndolos sentir causantes del autismo de su hijo (Powers, 2001). Con
ello, se sustentó la creencia de que la intervención debía consistir en se-
parar al niño de su familia para atenderlo en una institución, al mismo
tiempo que los padres eran sometidos a terapia.[1]

En la actualidad, hay una aceptación general respecto de que el autismo es un trastorno o disfunción física del cerebro (Power, 2001; Wing,
1998) que provoca discapacidad en el desarrollo. Sin embargo, las causas originarias del trastorno no son claras. Algunos autores atribuyen su
origen a factores psicogenéticos (ambientales-emocionales) como posibles responsables, aunque también se dice que los responsables son
factores de tipo biogenéticos u organicistas, como la deficiencia en neuro-
transmisores, factores genéticos y virales (Baron-Cohen y Bolton, 1998;
Frith, 1991; Garanto, 1990; Paluszny, 1991; Wing, 1982b).

La teoría psicógena (ambiental-emocional) se centra en explicar, desde
una postura psicoanalítica, el autismo como la forma reactiva desviada
del desarrollo (Paluszny, 1991). Desde esta postura, las primeras relaciones madre-hijo posibilitan el surgimiento del autismo como un fracaso
en la formación del yo, porque es en ese momento que no se despiertan
funciones mentales como el reconocimiento, la creación del objeto y

---

[1] Otra creencia infundada es aquella que indicaba que el autismo era más común en familias de elevado nivel socioeconómico. Sin embargo, posteriormente fue posible señalar
que el autismo afecta a niños de todos los niveles socioeconómicos y todas las razas y
nacionalidades.

la empatía; ya que éstas son las que permiten al niño crear una representación interior de la realidad hasta tomar conciencia de sí mismo (Garanto, 1990).

El enfoque psicógeno da por sentado que el niño autista, al nacer, es potencialmente normal, y que sólo unas defectuosas pautas de crianza debida a los padres, principalmente a la madre, conducen al desarrollo de los síntomas. Por fortuna, la culpabilidad de los padres respecto del autismo de sus hijos es una cuestión que carece de sustento empírico y, en esa medida, los padres deben ser considerados como participantes efectivos con determinadas habilidades y, sobre todo, tiempo en la interacción familiar, que son condiciones favorables para la intervención psicológica conductual.

Al contrario de la teoría psicógena, la teoría biogénica ha adquirido mayor aceptación debido a que propone que los síntomas se presentan en etapas tempranas del desarrollo (Paluszny, 1991). De acuerdo con la teoría biogénica, en el autismo existen una o varias anomalías en el cerebro, las cuales son producidas por uno o varios factores biológicos, tales como los genes, las complicaciones durante el embarazo o el parto y las infecciones virales. Algunos de los más importantes factores que han sido identificados son los aspectos neurológicos y ciertos trastornos médicos (tales como la epilepsia). Considerar los aspectos biológicos como los causantes del autismo, se encuentra sustentado, también, por el hecho de que el autismo aparece aproximadamente con la misma frecuencia en distintas culturas, lo cual hace pensar que las influencias sociales (afectivo-familiares) son una causa muy improbable de éste (Baron-Cohen y Bolton, 1998).

Desde la perspectiva conductual, deja de ser relevante el conocimiento de la causa real de la condición del niño; es más importante identificar la conducta de éste en relación con su medio (Paluszny, 1991), es decir, en cómo se está comportando en relación con los estímulos externos y el manejo de contingencias que aplican los padres, educadores o cuidadores. A partir de ello, y a diferencia de manipulaciones genéticas, médicas o farmacológicas, la aproximación conductual se enfoca en el comportamiento e implica manipulaciones en el entorno para promover el cambio conductual (Martin y Pear, 1999).

En cuanto al diagnóstico del autismo, se realiza mediante la identificación de patrones conductuales "disfuncionales"; en otras palabras, se reconoce que los niños autistas exhiben comportamientos que no corresponden ni son similares a los presentados por otros niños de su edad, los cuales ocurren en diferentes áreas de desarrollo, como la comunicación, la socialización y el afecto. En general, y considerando que el problema del autismo se generó en el ambiente psiquiátrico, algunos psicólogos y demás profesionales interesados en trastornos generalizados del desarrollo emplean los criterios diagnósticos del DSM-IV (1995) para identificar a un niño autista. Sin embargo, existen otros instrumentos de evaluación que se encuentran enfocados a la identificación de las conductas inadaptadas exhibidas por los niños autistas. Entre los instrumentos de evaluación, hay varias escalas de conducta adaptativa, de las cuales seis son esenciales para evaluar el trastorno del autismo: Escala de Conducta Adaptativa (AAMD), Escalas de Conducta Independiente, Inventario del Desarrollo Batelle, Inventario de Conducta Adaptativa para Niños, Escala de Conducta Adaptativa Vineland y Escala de Calificación para Padres de Conners. Pruebas tradicionales como el WISC, WAIS y Bender dificultan el diagnóstico, debido que en éstas es necesario la atención, el lenguaje y la escritura (Sattler, 1996).

Respeto del tratamiento, a partir de la década de los años sesenta diversos investigadores, en su mayoría psicólogos, han coincidido en que las técnicas de modificación de conducta son una poderosa herramienta para enseñar importantes habilidades escolares y de la vida cotidiana a los niños autistas (Powers, 2001). Las técnicas de modificación de conducta se caracterizan, de acuerdo con Martin y Pear (1999), por:

1. Provenir de investigaciones básicas realizadas en el laboratorio. Al buscar principios y teorías que expliquen la conducta, los modificadores han recurrido a procedimientos, hallazgos y teorías de la psicología experimental, principalmente los generados mediante condicionamiento operante y condicionamiento respondiente.
2. Definir problemas usando términos de conducta que puedan medirse objetivamente. Los cambios realizados en la medida conductual del problema se consideran como el indicador por excelencia del grado de evolución satisfactoria en el que se está aliviando el problema.
3. Los procedimientos y técnicas de tratamiento propician situaciones novedosas que permiten reorganizar el ambiente de un individuo a fin de ayudarle a que funcione mejor en la sociedad. En esta concepción, el ambiente representa las variables del entorno

inmediato del individuo que pueden afectar o favorecer el comportamiento.

4. Los métodos y la lógica de la modificación de conducta pueden ser descritos con precisión, lo cual posibilita la enseñanza de dichos procedimientos para que otros colegas puedan leer, replicar y producir los mismos resultados.

5. Y en nuestro caso particular, facilitar el entrenamiento de los padres en estos procedimientos y técnicas para aplicarlos en el hogar y otros ambientes.

Las técnicas de modificación de conducta aplicadas al caso del autismo han permitido generar una amplia gama de investigaciones, que demuestran la utilidad de sus técnicas y procedimientos para modificar la conducta de niños extremadamente perturbados, y que han encontrado que se pueden incrementar los comportamientos funcionalmente adaptativos respecto del contexto, como lenguaje y destrezas sociales, así como disminuir o eliminar comportamientos disfuncionales, como la agresión, las conductas autoestimulantes y las estereotipadas (Fester y DeMyer, 1975; Lovaas, 1977; Risley y Wolf, 1975; Wolf, Risley y Mees, 1975). Asimismo, su aplicación al caso del autismo ha demostrado que el tratamiento conductual produce mejorías duraderas (McEachin, Smith y Lovaas, 1993).

En la actualidad se han llevado a cabo importantes estudios que demuestran la eficacia del ABA (Análisis Conductual Aplicado); por ejemplo, en las investigaciones realizadas por Carr y Carlson (1993) han facilitado a los padres el acceso a datos confiables y soluciones efectivas para el manejo de sus hijos. El programa ABA permite un trabajo personalizado, integración en colegio con niños sin dishabilidad, terapia en ambiente natural, enseñanza de habilidades y actividades funcionales, alta intensidad de horario, manejo de los déficit de las áreas del desarrollo y asesoría de los padres, familiares y personas cercanas al niño que están involucradas en su desarrollo y manejo.

Otro ejemplo es el de Lovaas (1993), quien señaló que la intensidad de horario y el inicio temprano de la terapia es una característica fundamental de la efectividad del programa. Si el niño recibe por lo menos cuatro horas diarias de entrenamiento, se facilitará el aprendizaje con calidad en todas las áreas del desarrollo, incluidos los deportes, el juego organizado, las rutinas diarias como la del baño y el cepillado de los dientes, además del colegio, visitas a familiares y amigos, el área afectiva y emocional, la comunicación, la cognición y todas las actividades dirigidas al desarrollo integral del niño.

Nuestra propuesta cumple con algunos de los criterios del programa ABA: horario amplio, cuatro horas a la semana durante 60 semanas después del entrenamiento conductual, estimulación temprana en las áreas de desarrollo, juego estructurado, aprendizaje de reglas de disciplina en general, seguimiento de instrucciones, imitación de conductas adaptativas y psicopedagógicas, asesoría a los padres y otras actividades que se describen en el programa de entrenamiento. No obstante, la evidencia empírica, a favor de las técnicas conductuales como herramientas apropiadas en el tratamiento de los niños autistas, ha evidenciado que el tratamiento resulta sumamente efectivo mientras el niño es tratado en el consultorio, institución, etcétera, pero no así cuando el tratamiento termina y el niño debe enfrentarse a situaciones novedosas en las cuales el mantenimiento de los patrones conductuales entrenados es disminuido, donde presentan marcadas singularidades en la conducta y aislamiento social (McEachin *et al.*, 1993). Partiendo de ésta y otras muchas razones, la perspectiva de intervención también ha cambiado. Ahora se considera que los padres son una ayuda importante en el tratamiento del autismo, y se enseña a la familia que el mejor lugar para que el niño autista sea tratado es precisamente el ámbito familiar y después el escolar y social.

Schopler (1982) señala que los padres de los niños pueden ser coterapeutas muy eficaces, ya que la relación que establecen con sus hijos les permite tener una satisfacción especial al ayudarlos. Además, resulta plausible considerar que su ayuda es fundamental en el tratamiento de sus hijos autistas, si se considera que es en el hogar donde los niños pasan la mayor parte del tiempo.

Precisamente, con el propósito de ampliar las estrategias de intervención y que éstas sean auxiliares efectivos para padres en el tratamiento de sus hijos autistas, en el presente trabajo se realiza una propuesta para intervenir en el caso del autismo mediante el empleo de técnicas de modificación de conducta que involucran al psicólogo, al niño y a los padres.

Entonces, surge la pregunta: ¿es posible un tratamiento en el que se involucre a los padres? Es una pregunta que se responde asertivamente si, primero, se reconoce que el autismo no es un retardo mental o deficiencia mental, sino un retardo en el desarrollo psicológico (Bijou y

Dunitz, 1981); por lo que es posible la identificación de áreas problema susceptibles de tratamiento y no simplemente la clasificación del niño dentro de un rango (Macotela y Romay, 1992).

Concebir al niño con retardo en el desarrollo implica su descubrimiento en el proceso interactivo de evolución conductual, que en el caso de los autistas es posible que dé inicio en la fase de desarrollo prelingüístico, pero su identificación es más evidente en fases posteriores en las que se inicia la conducta lingüística (Guevara, Ortega y Plancarte, 2001).

Por lo tanto, es importante considerar que mediante el análisis funcional de cuatro factores básicos que de alguna manera determinan el retardo en el desarrollo (Ribes, 1981), es posible identificar que la participación de los padres ha sido o es fundamental en el mantenimiento del comportamiento de sus hijos autistas.

Es importante considerar cuatro aspectos básicos para realizar el análisis funcional de la conducta:

1. Determinantes biológicos del pasado (factores genéticos, prenatales y perinatales).
2. Determinantes biológicos actuales (drogas, nutrición, etcétera).
3. Historia previa de interacción con el medio (este último entendido como objetos estímulo e individuos con los que el niño ha entrado en contacto funcional).
4. Condiciones momentáneas en las que se suscitan acontecimientos discriminativos, reforzantes y disposicionales, que proporcionan un cuadro de los factores que intervienen en el retardo.

En el caso particular de la presente propuesta, los factores que prioritariamente deben considerarse son los mencionados en los puntos 3 y 4, puesto que con ello se intenta identificar interacciones que demuestren que los padres están fungiendo como factores que posibilitan —o históricamente, han posibilitado— la ocurrencia de cierto tipo de comportamiento (como, por ejemplo, la conducta estereotipada o repetitiva) y, asimismo, también se identifican las condiciones bajo las que los padres hacen uso de ciertas variables o conductas que refuerzan o castigan la ocurrencia del comportamiento de su hijo autista.

La propuesta conductual está diseñada específicamente para facilitar a los padres el entrenamiento de sus hijos en la adquisición de conductas básicas de atención, seguimiento de instrucciones, imitación y discriminación, como requisitos para el aprendizaje de conductas en las áreas de la comunicación, reciprocidad social, cognoscitiva, afectiva, coordinación visomotriz, autocuidado y socialización.

El entrenamiento se llevó a cabo en el Centro de Educación y Desarrollo Humano de la Universidad del Valle de México, campus Lomas Verdes; a continuación se hace una descripción de los objetivos, técnicas y procedimientos más empleados en el entrenamiento a padres. En lo sucesivo se nombra mayoritariamente el trabajo con la madre debido a que es quien por lo regular acude con su hijo a la terapia.

Objetivo general

Entrenar a los padres en técnicas de modificación de la conducta, para que promueva repertorios conductuales adaptativos en sus hijos y mejoren su calidad de vida.

Método

Participantes

Cinco niños de edad entre cuatro y seis años, dos de ellos gemelos monocigóticos. Los pacientes se reclutaron de la población externa perteneciente a la comunidad del Estado de México.

Materiales y escenarios para las condiciones de entrenamiento

Condición individual. Consistió en una cámara de Gesell de 3.5 x 2.5 m, iluminada y con cámara de circuito cerrado, para grabar y facilitar la retroalimentación.

Condición grupal. Se utilizó una cámara de Gesell de 13 x 8 m, iluminada; mesas, sillas y cámara de circuito cerrado.

Cuando no se contó con cámaras de Gesell, las sesiones individuales se llevaron a cabo en un cuarto reducido, con pocos muebles o materiales para que el niño no se distrajera o se golpeara; para la interacción grupal se utilizó un salón amplio, las mesas y sillas necesarias, el material requerido y cuidado de los accidentes. Se utilizaron cámaras de Gesell individuales y grupal modelo Camcorder Vision 8 mm, marca Sanyo, y videos en la cámara grupal modelo Edv-9500 vhs, marca Sony; en las cámaras individuales modelo vhs 6900, marca Sanyo.

Instrumento

Para el diagnóstico de los niños se utilizó una lista de verificación con siete áreas conductuales: hiperactividad, conductas estereotipadas, conductas básicas para el aprendizaje, lenguaje verbal, lenguaje no verbal, afectividad y socialización.

Procedimiento

Para trabajar con los niños en grupo, tenían ellos que haber adquirido las conductas básicas, de no ser así, se continuaba el entrenamiento del niño en estas conductas hasta adquirirlas para después ingresarlo al grupo. También se debía asegurar que la madre hubiera adquirido las habilidades conductuales necesarias; de no ser así, se continuaba el entrenamiento individual de la madre hasta que las dominara para después pasar a la condición grupal.

Diseño

Se seleccionó un diseño ABC que consistió en lo siguiente:

I. Etapa A línea base

Se planearon 15 sesiones individuales para la evaluación conductual y entrenamiento de las madres en procedimientos conductuales, tales como las siguientes: extinción de la conducta, tiempo fuera, reforzamiento diferencial de otras conductas (RDO), manejo de contingencias, modelamiento e instigación física y verbal, y 15 sesiones grupales para la interacción de los niños y entrenamiento de las madres para enseñar a sus hijos el juego organizado, respeto de las reglas y pertenencias de los niños, así como la interacción grupal.

En las dos primeras sesiones se aplicó la lista de verificación a cada paciente, con dos observadores independientes previamente entrenados y se grabaron las sesiones en video. En la evaluación conductual también se identificó el tipo de contingencias que atendían las madres con sus hijos, los comportamientos exhibidos por el niño en relación con su madre, déficit y excesos conductuales, así como las habilidades de la madre para dar instrucciones, identificación del tipo de estímulos reforzantes o punitivos que se emplean para conductas deseables e indeseables y las condiciones bajo las cuales los padres los aplican.

Después de obtener esta información, se procedió a la planeación de las sesiones individuales para cada niño y su mamá (dos veces por semana durante cuatro horas), dos horas para sesiones individuales y dos horas para sesiones grupales, en las que todos los niños y sus madres participaron. Posterior a esto, se procedió a entrenar a las madres en las distintas técnicas y procedimientos conductuales (Martin y Pear, 2001). Los procedimientos utilizados fueron: observación conductual, manejo de contingencias, RDO, extinción de conductas, tiempo fuera, instigación física y verbal, establecimiento del contacto visual y conducta de atención.

II. Etapa B de tratamiento

a. Actividades del programa de entrenamiento

Se realizaron 15 sesiones individuales pertinentes para el entrenamiento de las madres en los procedimientos conductuales requeridos para cada caso; 15 sesiones grupales para que las madres aplicaran los procedimientos conductuales en cooperación con otras madres y para fomentar la interacción de los niños y la convivencia. Para el tratamiento se realizaron 60 sesiones, dos sesiones a la semana de dos horas de duración, con un total de 240 horas.

Para la realización de las actividades se propusieron dos condiciones, individual y grupal, para el entrenamiento de la madre en técnicas conductuales a fin de lograr que adquiriera las habilidades necesarias para aplicar los diferentes procedimientos conductuales en ambas condiciones.

b. Estrategias para el desarrollo de las sesiones individuales de entrenamiento de la madre y su hijo

Las estrategias utilizadas para lograr el aprendizaje de los procedimientos conductuales se basaron en una explicación sencilla y detallada, con ejemplos y observación directa o indirecta de videos de un psicólogo, o de otra madre, de la aplicación de cada procedimiento para la conducta en estudio. Se grabó con video cada sesión de entrenamiento, para ser utilizado en la retroalimentación con la madre. A continuación se describen los pasos y estrategias que se llevaron a cabo en cada una de las conductas que deseaba establecer en los niños y lo que debería hacer cada una de las madres.

1. Para la *conducta de estar sentado*. Se le pidió a la madre que indicara y motivara al niño a sentarse. Si el niño ejecutaba la conducta, que lo reforzara (premiara) con pedacitos de fruta, cereal, sorbo de jugo o algún alimento que le gustara al niño. Si no se sentaba, se le sugirió que utilizara instigación física y verbal; que lo tomara de la mano, lo llevara hacia la silla, diera la instrucción, y lo colocara cerca, de espalda al asiento de la silla, flexionando sus piernas hasta lograr sentarlo, e inmediatamente lo premiara con el alimento preferido. Se le indicó a la madre repetir esta estrategia conductual todas las veces que fuese necesario, hasta que el niño realizara la conducta de sentarse únicamente con la instrucción.

2. Para la *conducta de contacto visual*. Sentado el niño, la madre le pidió que la mirara: lo tomó de la barbilla y le sujetó la cara alzándola hasta que el niño lograra verla a los ojos, inmediatamente lo premió y le dijo: "Muy bien, qué bonitos ojos, sigue viéndome, qué bonito niño"; debe combinar el alabo con un pedazo de fruta o cereal (usar lo que más le guste al niño). Se le sugirió a la madre repetir el ejercicio hasta que el niño lograra la conducta, con sólo dar la instrucción.

3. Para establecer la *conducta de atención* hacia los materiales. Se le pidió a la madre que utilizara material atractivo para el niño, que permitiera el juego libre o la manipulación de los materiales, de inmediato lo alabara y proporcionara el premio (pedacito de fruta, cereal). Si el niño no juega con los materiales, deberá la madre manipular los materiales y decirle: "Mira nene, qué bonitos juguetes,

vamos a jugar para que te dé fruta; mira qué bonito". Si el niño se para del asiento debe dejarlo, no forcejear con él, dejarlo caminar por 10 segundos, y después la madre debe ir por él, traerlo a la mesa de trabajo y motivarlo con alabos, y cuando el niño tome asiento, debe premiarlo inmediatamente.

4. Para lograr que el niño *realice tareas psicopedagógicas* sencillas y gradualmente ejecute tareas complejas. Esto fue posible después de que la madre logró mantener sentado y atento al niño, al menos por 3 o 5 minutos. Se le pidió a la madre que lo motivara, le indicara y modelara para el niño la tarea por resolver teniendo en la mesa de trabajo únicamente el material requerido, y que cuidara que no estuvieran cerca otros materiales para que no se distrajera. Ella le dijo: "Mira nene, vamos a jugar con estos aros de colores; éste es de color rojo; señálame otro aro de color rojo". Al lograr identificarlo, premió al niño (con alabo y pedacito de fruta), y cuando no lo identificó, le mostró el aro rojo y juntos los dos aros los colocó frente a sus ojos diciéndole: "Mira los dos son aros de color rojo; ahora muéstrame otro aro rojo". Al reconocerlo lo premió y alabó su ejecución. Cuando el niño se negó a ver los aros, lo tomó de la barbilla con su mano y dirigió su cara hacia los aros rojos, diciéndole: "Mira, éstos son dos aros rojos; dame otro rojo". Se le comentó a la señora que si el niño se levantaba y no quisiera trabajar, que no lo regañara ni le pegara; que sólo dejara pasar 10 segundos y fuera por él, tomándolo de la mano, llevándolo cerca de la silla y pidiéndole que se sentara. Al hacerlo, que lo volviera a premiar para reiniciar otra vez el ejercicio las veces que fuesen necesarias hasta que el niño aprendiera a identificar y diferenciar los diez colores básicos, es decir, hasta que realizara las conductas de señalar o tocar los objetos con los colores indicados. Se les indicó a las madres que los pasos descritos pueden utilizarlos para enseñarles a sus hijos otras tareas como ensamble de figuras de frutas, animales y cuerpo humano; iniciar el trazo del círculo, cuadrado y triángulo, líneas rectas, horizontales y paralelas.

5. Para las *conductas repetitivas o estereotipadas* como aletear, brincar, girar objetos y verlos, correr, girar manos viéndolas, golpear objetos sobre la mesa, golpearse los dientes con un objeto y otras conductas que se identifiquen.

- Se le indicó a la señora que cada vez que observe que su hijo agite los brazos hacia arriba y abajo (aletear), debe hacer lo siguiente: no mencionar la conducta, no regañarlo o pegarle; que sólo tome sus manos y lo conduzca a otro sitio de la casa poniéndolo a realizar una tarea productiva en la cual ocupe ambas manos, como manipular materiales didácticos o juguetes, o una tarea doméstica sencilla, y en cuanto la ejecute, premiarlo (con alabos y pedacitos de fruta o cereal). Estos pasos los debe seguir cuando gire las manos y las vea, o cuando se esté balanceando, pero sin olvidar no mencionar lo que está haciendo y sin regañarlo, porque incrementará las conductas repetitivas.

- Cuando observe que está girando objetos y viéndolos, o golpeando los dientes con un objeto, quitarle el objeto y no regañarlo; no mencionar la conducta; tomarlo de la mano y conducirlo a otro sitio de la casa poniéndole una actividad diferente, donde los materiales no permitan que él los siga girando o usando para golpearse; por ejemplo, ensamble de frutas o animales, dibujos o tarea doméstica sencilla.

- Cuando observe que el niño se está golpeando la cabeza contra algún mueble o contra el suelo, sujetarlo retirándolo del sitio y llevarlo a otro, poniéndolo a realizar una actividad como ensartado de figuras geométricas, dibujar o una tarea doméstica, y en cuanto la realice, premiarlo (con alabos y pedacitos de fruta o cereal). Recuerde que no debe mencionar la conducta indeseable y no regañarlo porque incrementará estas conductas.

6. Para la conducta de *interacción con otros niños*. Se le indicó a la madre que lo motivara y lo incluyera en el grupo de niños de su edad diciéndole: "Mira, vas a jugar con los niños, ellos te invitan a jugar"; en cuanto el niño se acerque a los niños del grupo, prémielo y siga haciéndolo cada tres minutos, y poco a poco incremente el tiempo para premiarlo; si el niño no acepta jugar y se separa del grupo, recuerde no presionarlo ni regañarlo; espere 5 o 10 segundos y vuelva a motivarlo para que se acerque al grupo, puede tomarlo de la mano y ayudarlo para que se incluya en el grupo. En cuanto lo haga o se acerque a los niños, debe premiarlo tal como lo ha venido haciendo.

7. Para favorecer *conductas de afecto*. Se le indicó a la madre que era importante que propiciara los contactos físicos, acercándose al niño,

abrazándolo, besándolo y diciéndole en voz baja: "Ven nene, abrázame, te quiero mucho, qué hermoso niño", y cuando el niño acepte el abrazo o beso, premiarlo y repetir el ejercicio cada vez que se pueda. Si el niño al principio no aceptara el contacto y la rechazara, que no se sienta mal o se enoje: a los niños con estas características les cuesta trabajo dar afecto y, por ello, rechazan los abrazos y los besos. Por lo tanto, deberá insistir en enseñarlo a dar afecto, realizando continuamente este ejercicio. Se le recomendó que este ejercicio lo fomentara con otros niños. Una estrategia útil fue que lo sentara frente a ella, pidiéndole que la viera, le tocara la cara, los brazos, las manos. Que premiara cualquier acercamiento y que gradualmente lo motivara para que la acariciara, la besara, etcétera.

8. Para favorecer *el habla y la comunicación.* Es importante que la madre lo pusiera de frente a su cara, sostuviera su barbilla y pronunciara palabras sencillas, lo más claro que pudiera, solicitándole que repitiera la palabra o sonido, y diciéndole: "Mira, nene, ve mi cara; ve cómo digo, ve mi boca; ahora repite". Al pronunciar la palabra, si la repetía bien o se acercaba a la palabra o sonido, debería premiarlo y alabarlo, cada vez que la repitiera. Se le indicó que podía apoyarse poniéndolo de frente a un espejo y al lado de ella, solicitándole que viera su boca y labios, y que cuando pronunciara la palabra o sonido lo premiara, repitiendo estos pasos para que su hijo aprenda palabras y se incremente su habla. Esta comunicación que va adquiriendo su hijo, le va a facilitar la socialización y la convivencia. Se le recomendó que en todos los lugares donde esté con el niño, aprovechara los minutos para estimular su lenguaje y solicitarle amablemente la repetición de sonidos o palabras, no olvidando premiarlo toda vez que las repita.

9. Cuando la madre observó que el niño estaba *pegando o agrediendo*, se le dijo que debía sujetarlo, sin mencionar la conducta ni regañarlo. Lo debe cambiar de lugar y ponerlo a realizar una tarea que lo mantenga ocupado como construcción de torres, ensamblado de figuras humanas o animales, dibujar. Si se encuentran en un lugar abierto, como un parque, cámbielo de sitio, llévelo a un juego infantil y motívelo a que realice esta actividad; inmediatamente después de que realice cualquiera de estas conductas contrarias a la agresión, prémielo y alábelo como lo ha venido haciendo en otras conductas adaptativas. Una vez disminuida la conducta agresiva y

estando tranquilo el niño, explíquele que no debe pegar o rasguñar y enséñele a consolar o acariciar al niño que agredió.

10. Por último, se le indicó a la madre que para lograr que su hijo aprenda a *vestirse, lavarse las manos y dientes, ponerse y quitarse prendas de vestir,* es decir, *conductas de autocuidado,* debe motivarlo diciéndole: "Mira, nene, vamos a lavarte las manos para que comas, te voy dar un premio; eres un niño limpio y bonito". Inmediatamente después de que realice cualquiera de las conductas de limpieza de su persona o para vestirse, alábelo y prémielo (besos, abrazos y pedacitos de fruta o cereal).

c. Sugerencias para el entrenamiento grupal.

En el caso de las estrategias utilizadas para el entrenamiento grupal se aplicó lo siguiente:

En una cámara de Gesell grande se puso a interactuar a niños y madres cercanas a ellos, para fomentar las conductas básicas de convivencia, juego, préstamo de materiales y prácticas como involucrarse en el juego de otros niños, permitir que otro niño manipule los juguetes que está usando un niño cuando se lo solicite, no arrebatar los materiales o juguetes, respetar las reglas de los juegos, así como a los compañeros.

Para lograr la adquisición de estas habilidades se les explicó a las madres cada procedimiento conductual que debería aplicarse para cada conducta por adquirir o modificar; la tutoría y supervisión continua fue fundamental. Fue conveniente explicar a las madres la aplicación de los procedimientos conductuales en esta condición grupal, con ejemplos y con observación directa o indirecta de videos de un psicólogo, o de otras madres cooperando en la aplicación del procedimiento para la conducta en estudio. También se grabó con video cada sesión de entrenamiento para ser utilizado en la retroalimentación del grupo de madres.

III. Etapa C de seguimiento

Después del entrenamiento se realizaron 60 sesiones, dos cada semana de 2 horas de duración, con un total de 240 horas de tratamiento. Hubo reporte verbal de las madres de los avances en el preescolar.

Resultados

Los resultados obtenidos con la aplicación de la lista de verificación son los siguientes:

En el cuadro 5.1 se muestra la frecuencia de las conductas de hiperactividad de cinco niños. Se observó que P1 brincó 31 veces y P4 en 22; P2 en 12 ocasiones; los de menor frecuencia fueron P5 con siete y P3 con tres ocasiones. La conducta de correr constantemente, la presentó P4 16 veces, P1 nueve, P5 la presentó cinco veces y P2 y P3 con la menor frecuencia (cuatro veces). La conducta de pararse de la mesa de trabajo, el de mayor frecuencia fue P4 con 11 ocasiones, P3 con nueve, P5 con tres, P2 con dos y P1 no la tuvo.

Cuadro 5.1. Frecuencia de las conductas de hiperactividad de los cinco niños. P: participante.

Conductas de hiperactividad	P1	P2	P3	P4	P5
Correr constantemente	9	4	4	16	5
Pararse de la mesa de trabajo	0	2	9	11	3
Brincar	31	12	3	22	7

En el cuadro 5.2 se muestra la frecuencia de conductas estereotipadas. Como puede observarse, el participante que obtuvo la mayor frecuencia fue P2 en la conducta de aleteo con 53 veces, donde P1 obtuvo 21, P3 cuatro, P5 una y P4 cero. Para la conducta de aplaudir la frecuencia fue baja: P3 la presentó seis veces, P5 cinco veces y P4 tres veces; y P1 y P2 no la presentaron. La conducta de atención excesiva al movimiento de objetos, sólo la presentó P1 en 37 ocasiones. La conducta de balancearse, la presentó sólo P3 15 veces y P5 tres veces; P1, P2 y P4 nunca se balancearon. En lo que se refiere a la conducta de chupar objetos, P4 fue el único que la presentó (cinco veces). Lo mismo se observó en la conducta de chuparse el dedo: sólo P4 la presentó (25 veces). En la conducta de golpear la mesa con las manos, la mayor frecuencia fue para P2 con 34 veces, mientras P1 la presentó 22, P4 14 y P5 cuatro; P3 no presentó la conducta. Por último, la conducta de verse las manos girándolas P2 la realizó 31 veces, P4 dos veces y los otros tres niños no la presentaron.

**Cuadro 5.2. Frecuencia de las conductas estereotipadas de los cinco niños.
P: participante.**

Conductas estereotipadas	P1	P2	P3	P4	P5
Aletear	21	53	4	0	1
Aplaudir	0	0	6	3	5
Atención excesiva al movimiento de objetos	37	0	0	0	0
Balancearse	0	0	15	0	3
Chupar algún objeto	0	0	0	5	0
Chupar el dedo	0	0	0	25	0
Golpear constantemente con las manos la mesa	22	34	0	14	4
Verse las manos girándolas	0	31	0	2	0

En el cuadro 5.3 se muestra la frecuencia de conductas básicas para el aprendizaje. Como puede observarse, el participante P4 presentó la conducta de atención dispersa once veces, P1 diez veces, P2 ocho, P3 y P5 la presentaros en seis ocasiones. La conducta de imitación no se observó en ningún niño, excepto en P2, quien la presentó sólo una vez.

**Cuadro 5.3. Frecuencia de las conductas básicas para el aprendizaje
de los cinco niños. P: participante.**

Conductas básicas para el aprendizaje	P1	P2	P3	P4	P5
Atención dispersa	10	8	6	11	6
Imita	0	1	0	0	0
No imita	0	0	0	3	0
Permanece sentado trabajando	0	0	0	0	5
Pone atención	0	0	0	0	4
No pone atención	0	0	2	6	0
Sigue instrucciones	2	6	16	20	33
No sigue instrucciones	0	5	8	4	0

En el cuadro 5.4 se muestra la frecuencia de las conductas de socialización. Se puede observar que en la conducta de lanzar objetos, la mayor frecuencia se presentó en P4 (12 veces), mientras P5 la presentó cuatro veces, P1 y P2 tres ocasiones y P3 dos veces. La conducta de intentar morder al terapeuta sólo la presentó P2 (dos veces). La conducta de ignorar a las personas, P1 la presentó diez veces, P4 nueve, P2 ocho, P3 siete y P5 en tres ocasiones. La conducta de juego desordenado la presentó P2 seis veces, P1 y P4 cinco veces, P3 tres veces y P5 dos ocasiones. Por último, la conducta de no respetar los juguetes o pertenencias de los otros niños, P1 y P3 la presentaron tres veces, P4 y P5 dos veces y P2 una vez.

Cuadro 5. 4. Frecuencia de las conductas de socialización de los cinco niños. P: participante.

Conductas de socialización	P1	P2	P3	P4	P5
Lanza objetos durante el juego	3	3	2	12	4
Intenta morder al terapeuta	0	2	0	0	0
Ignora a las personas	10	8	7	9	3
Juega desordenadamente	5	6	3	5	2
No respeta los juguetes o pertenencias de los otros niños	3	1	3	2	2

En el cuadro 5.5 se muestra la frecuencia de la conducta verbal. Puede observarse que sólo P5 pronunció 19 veces disílabos, los otros cuatro niños no lo hicieron. En el caso de la conducta de gritos, P1 la presentó 29 veces, P5 cuatro veces, y los otros tres niños ni una sola vez. Los sonidos guturales sólo los presentó P2 (20 veces), los demás niños no los emitieron. Los neologismos obtuvieron frecuencias altas: la frecuencia mayor fue para P5 con 115 veces, luego P2 con 80, le sigue P1 con 47, y por último, con nueve emisiones, P3 y P4. Respecto de la emisión de sonidos encontramos que P2 presentó 51 sonidos, P1 29, P5 26, P4 diez y P3 presentó dos.

Cuadro 5.5. Frecuencia de la conducta verbal de los cinco niños.
P: participante.

Conducta verbal	P1	P2	P3	P4	P5
Disílabos	0	0	0	0	19
Gritos	29	0	0	0	4
Sonidos guturales	0	20	0	0	0
Neologismos	47	80	9	9	115
Sonidos	29	51	2	10	26

En el cuadro 5.6 se muestra la frecuencia de conducta no verbal. Encontramos que el empleo de señas sólo la presentaron P3 y P5 con una frecuencia de dos y siete, respectivamente. En cuanto a la conducta de hacer gestos, P1 y P2 fueron los únicos que la presentaron con frecuencias de cinco y cuatro, respectivamente. Sobre la conducta de posturas corporales inadecuadas observamos que P1, P3 y P4 las presentaron tres, cuatro y tres veces, respectivamente. Por último, en tono muscular hipertónico sólo lo presentó P4 (siete veces).

Cuadro 5.6. Frecuencia de la conducta no verbal de los cinco niños.
P: participante.

Conducta no verbal	Daniel	Aldo	Bayron	Juan	Randy
Emplea señas	0	0	2	0	7
Hace gestos	5	4	0	0	0
Posturas corporales inadecuadas	3	0	4	3	0
Tono muscular hipertónico	0	0	0	7	0

El cuadro 5.7 muestra la frecuencia de conductas de afectividad. Observamos que la conducta de abrazar únicamente la presentó P5 (13 ocasiones), los demás niños no abrazaron. La conducta de acariciar también la presentó P5 (12 veces) y los otros niños no. La de dar besos P5 fue el único que besó espontáneamente en seis ocasiones a la madre. Para la conducta de mirar a la cara, la mayor frecuencia fue para P5 con 15 veces, P4 tuvo cinco, P1 dos y los otros dos niños no la presentaron. En la conducta de permitir el contacto físico observamos que sólo P5 lo permitió en diez ocasiones, los otros cuatro niño no lo permitieron. En relación con la conducta de no permitir el contacto físico, P4 no lo permitió en cuatro ocasiones, P1 en tres, P3 en dos, P2 sólo una vez y P5 no lo rechazó.

Cuadro 5.7. Frecuencia de las conductas de afectividad de los cinco niños. P: participante.

Conductas de Afectividad	Daniel	Aldo	Bayron	Juan	Randy
Abraza	0	0	0	0	13
Acaricia	0	0	0	0	12
Da besos	0	0	0	0	6
Mira a la cara	2	0	0	5	15
Permite el contacto físico	0	0	0	0	10
No permite el contacto físico	3	1	2	4	0

Los resultados cualitativos que se obtuvieron después de entrenar a las madres y después del tratamiento son los siguientes:

Para P1 los avances fueron mínimos, ya que la madre se mostró renuente a aplicar los procedimientos conductuales; sin embargo, disminuyeron a cuatro o cinco conductas estereotipadas, como ver las manos girándolas, golpear la mesa con las manos y aletear; la de ver los objetos en movimiento la eliminó; ya seguía instrucciones sencillas, establecía el contacto visual tres o cuatro segundos y ocasionalmente sonreía. Logró pronunciar las letras I y A. Permaneció sentado 15 o 20 minutos realizando tareas sencillas, como ensartado de piezas grandes y aros, y ensambló rompecabezas de tres y cuatro piezas; inició el trazo del círculo. No fue capaz de interactuar con los niños, fue indiferente.

Para P2 (segundo gemelo) los avances también fueron limitados debido a la actitud de la madre; sin embargo, disminuyeron las conductas estereotipadas, como aletear, golpear la mesa con las manos y los neologismos: logró seguir instrucciones simples, estableció contacto visual por dos o tres segundos, pronunció las letras I y A, y ocasionalmente sonrió. Permaneció sentado entre 10 y 15 minutos realizando tareas sencillas, ensartado de piezas grandes y aros, ensambla rompecabezas de tres y cuatro piezas, e hizo trazos indiferenciados. No logró interactuar con los niños.

Destacan los avances obtenidos por P3: disminuyó la conducta de balancearse, y los neologismos se eliminaron; su atención fue de 20 a 25 minutos, realizaba tareas de ensartado de aros e identificaba y pronunciaba sus colores, ensambló figuras de animales caseros identificando, discriminado y verbalizando el nombre y sonido de cada animal; saludaba de mano y besos a las psicólogas; logró interactuar y jugar con P5; empezaba a identificar emociones y sentimientos de los niños; a la madre le solicitaba juguetes o salir de la cámara, le abrazaba y besaba espontáneamente. Logró ingresar a un preescolar y posteriormente a primero de primaria.

Los avances de P4 se distinguen porque disminuyeron las conductas estereotipadas de correr, brincar y verse las manos girándolas; eliminó la conducta de chuparse el dedo. Estableció contacto visual por dos y tres segundos. Siguió instrucciones sencillas; permanecía sentado por 10 o 15 segundos, realizando ensartado de aros, ensambles de dos o tres piezas, trazos indiferenciados; a la madre sólo la abrazaba. En ocasiones solicitaba a la terapeuta salir jalándola. No obstante, no logró interactuar con los demás niños.

Los avances para P5 consistieron en que se eliminaron los neologismos en cuanto comenzó a hablar; la conducta de golpear la mesa con las manos se eliminó, logró mantenerse sentado trabajando entre 20 y 25 minutos, identificó y discriminó aros de los colores básicos, ensambló rompecabezas de cuatro y cinco piezas; mencionaba los animales domésticos y su sonido, logró interactuar y jugar con P3. Con la madre interactuaba, la abrazaba y besaba espontáneamente, saludaba a los terapeutas y les daba besos. Logró ingresar a preescolar.

Discusión y conclusiones

En los resultados de los cinco niños incidieron dos razones importantes; la primera fue que se utilizaron algunas estrategias del programa ABA, como lo indican Carr y Carlson (1993) y Lovaas (1993): intensidad de horario, estimulación temprana de las áreas del desarrollo, entrenamiento en conductas básicas para el aprendizaje, eliminación de conductas disruptivas (hiperactividad y conductas estereotipadas), afectividad y socialización, todo lo cual les permitió ingresar al nivel preescolar (no de educación especial). La segunda estrategia fue, como lo señala Schopler

(1982), que los padres fungieron como coterapeutas: en este caso, las madres fueron entrenadas en técnicas de modificación de conducta y se les facilitó el manejo de sus hijos en las dos condiciones, individual y grupal, y posteriormente en casa y otros ambientes.

Los resultados observados coinciden con lo propuesto por Rueda y Martínez (2003), quienes indican que el uso del enfoque conductual permite centrarse en el desarrollo de la atención, en el control conductual y en la práctica y dominio de habilidades motoras como precurrentes para facilitar las habilidades académicas y sociales en los niños autistas.

Otras ventajas obtenidas son las siguientes: las actividades realizadas con los niños y sus madres facilitan la identificación del estilo de manejo de contingencias que adquieren los padres en casa, así como de los déficit en sus habilidades, para planear su entrenamiento conductual.

Como resultado de la observación conductual de los niños se facilita la identificación de los déficit del desarrollo en las diferentes áreas, lo que permite el diseño del programa de entrenamiento individualizado. El entrenamiento conductual de los padres favorece en sus hijos la adquisición de conductas adaptativas y la generalización en el manejo conductual en las diferentes áreas del desarrollo y en todas las condiciones donde interactúe el niño.

Los resultados de la aplicación de estrategias conductuales también sugieren su utilidad en el entrenamiento de los padres para mejorar el tratamiento de niños autistas. Los videos servirán de material didáctico para futuros cursos y talleres.

Bibliografía

Axline, M. (1996). *Terapia de juego*. México: Diana.

Baron-Cohen, S., y Bolton, P. (1998). *Autismo: una guía para padres*. Madrid: Alianza

Brauner, A., y Brauner, F. (1981). *Vivir con un niño autístico*. Barcelona-Buenos Aires: Paidós.

Calderón, M., y Patiño, A. (1994). *Autismo. Una guía de orientación para padres*. Tesis de licenciatura en psicología, Universidad del Valle de México, Campus Lomas Verdes, Naucalpan, Estado de México, México.

Carr, E., y Carlson, J. (1993). Reduction of severe behavior problems in the community through a multicomponent treatment approach. *Journal Applied Behavior Analysis*, *26*, 157-172.

Díaz-Cuervo, A., y Martos, J. (1989). Definición y etiología del autismo. Disponible en: http://www.autismo.com/scripts/articulo/smuestra.idc?n=mec1b

Díaz, F. (2001). Bases biológicas del autismo y tratamientos farmacológicos. *Revista de Psicología y Psiquiatría del Niño y el Adolescente*, *1*, 18-30. Disponible en: www.paidopsiquiatria.com/art/art3.pdf

Domjan, M. (1999). *Principio de aprendizaje y conducta*. México: Thomson.

Fester, C.B., y DeMyer, M.K. (1975). Un método para el análisis experimental de la conducta de niños autistas. En S. Bijou y D.M. Baer (comp.). *Psicología del desarrollo infantil: Lecturas en el análisis experimental* (vol. 2). México: Trillas.

Frith, U. (1991). *Autismo: hacia una explicación del enigma*. México: Alianza.

Garanto, J. (1990). *El autismo: Aproximación nosográfico-descriptiva y apuntes psicopedagógicos*. Barcelona: Herder.

Hernández, R., Fernández, C., y Baptista, P. (1998). *Metodología de la investigación*. México: McGraw-Hill.

Johnson, J., y Koegel, R. (1982). Behavioral assessment and curriculum development. En R. Koegel, A. Rincover y A. Egel (comps.). *Educating and understanding autistic children*. Estados Unidos: Pergamon.

López, M.E. (1995). *Estudio comparativo sobre las diferentes técnicas de diagnóstico y tratamiento para el autismo infantil*. Tesis de Licenciatura en Psicología, Universidad del Valle de México, Campus Lomas Verdes, Naucalpan, Estado de México, México.

Lovaas, I. (1977). *The autistic child: Language development through behavior modification*. Nueva York: Irvington.

—— (1993). The development of a treatment–research proyect developmentally disabled and autistic children. *Journal Applied Behavior Analysis*, *26*.

Manual Diagnóstico y Estadísticos de los Trastornos Mentales [DSM-IV] (1995). México: Masson.

McEachin, J., Smith, T., y Lovaas, O.I. (1993). Long-Term Outcome for Children With Autism Who Received Early Intensive Behavioral Treatment. *American Journal on Mental Retardation*, *97*, 4, 359-372.

Marti, G., y Pear, J. (1999). *Modificación de conducta: Qué es y cómo aplicarla*. México: Prentice Hall.

Nickerson, E., y O´Laughlin, K. (1998) El uso terapéutico de los juegos. En CH. Scaefer y K. O´Connor (comp.). *Manual de terapia de juego* (vol.1). México: Manual Moderno.

Paluszny, M. (1991). *Autismo: guía práctica para padres y profesionales*. México: Trillas.

Powers, M. (2001). ¿Qué es el autismo? En M. Powers (ed.). *Niños autistas: guía para padres, terapeutas y educadores*. México: Trillas.

Polaino-Lorente, A. (I982). *Introducción al estudio científico del autismo infantil*. España: Alhambra.

Risley, T., y Wolf, M. (1975). Manipulación experimental de conductas autistas y su generalización en el hogar. En S. Bijou y D.M. Baer (comp.). *Psicología del desarrollo infantil: Lecturas en el análisis experimental* (vol. 2). México: Trillas.

Sánchez, C. (1998). *Diccionario de las Ciencias de la Educación*. España: Nuevas Técnicas Educativas.

Sattler, J. (1996). *Evaluación infantil*. México: Manual Moderno.

Schopler, E. (1982). Hacia una reducción de los problemas de conducta en los niños autistas. En L. Wing y M. Everard (dir.). *Autismo infantil. Aspectos médicos y educativos*. Madrid: Santillana.

Taylor, J. (1982). Problemas de lenguaje y un método de evaluación y enseñanza. En M. Powers (ed.). *Niños autistas: Guía para padres, terapeutas y educadores*. México: Trillas.

Tustin, F. (1984). *Autismo y psicosis infantiles*. España: Paidós.

Volkmar, F. (2001). Problemas médicos, tratamientos y especialistas. En M. Powers (ed.). *Niños autistas: guía para padres, terapeutas y educadores*. México: Trillas.

Watson, J.B. (1913). Psychology as the behaviorist views it. *Psichological Review*, *20*, 158-171.

Wing, J.K. (1982). El síndrome de Kanner: Una introducción histórica. En L. Wing y M. Everard (dirs.). *Autismo infantil. Aspectos médicos y educativos*.

Madrid: Santillana.

Wing, L. (1981). *La educación del niño autista: guía para padres y maestros.* España: Paidós.

—— (1982a). Diagnóstico, descripción clínica y pronóstico. En L. Wing y M. Everard (dir.). *Autismo infantil: Aspectos médicos y educativos.* Madrid: Santillana.

—— (1982b). Epidemiología y teorías etiológicas. En: L. Wing y M. Everard (dir.). *Autismo infantil: Aspectos médicos y educativos.* Madrid: Santillana.

—— (1989). *Autismo infantil: Aspectos médicos y educativos.* Madrid: Santillana/ Aula XXI.

—— (1998). *El autismo en niños y adultos.* Barcelona: Paidós.

Wolf, M., Risley, T., y Mees, H. (1975). Aplicación de los procedimientos de condicionamiento operante a los problemas conductuales de un niño autista. En S. Bijou y D.M. Baer (comp.). *Psicología del desarrollo infantil: Lecturas en el análisis experimental* (vol. 2). México: Trillas.

Zapella, M. (1998). *Autismo infantil: Estudio sobre la afectividad y las emociones.* México: Fondo de Cultura Económica.

Capítulo 6

Programa de desarrollo individual: un caso de dificultades de aprendizaje escolar

Mucio Romero, Rubén García y Juan Patricio Martínez

Los padres se preocupan y se decepcionan cuando su hijo tiene problemas en la escuela. Hay muchas razones para el fracaso escolar, pero entre las más comunes está la dificultad del aprendizaje. El niño con dificultades de aprendizaje suele ser muy inteligente y trata arduamente de seguir las instrucciones al pie de la letra, de concentrarse y de portarse bien en la escuela y en la casa; sin embargo, a pesar de sus esfuerzos, no aprende y no obtiene buenas calificaciones. Algunos de estos niños no pueden permanecer quietos o poner atención en clase.

Dificultad de aprendizaje escolar es un término que describe problemas de aprendizaje específicos. Este tipo de problemas pueden ser causa de que un niño tenga dificultades para aprender y utilizar ciertas habilidades. Las habilidades que son afectadas con mayor frecuencia son las implicadas en la lectura y la escritura, las relacionadas con la comprensión verbal, hablar, razonar, y las matemáticas básicas (Morris y Blatt, 1999; Romero, Aragón y Silva, 2002).

Las dificultades del aprendizaje varían de un niño a otro. Los niños pueden tener algunas habilidades y carecer de otras; por ejemplo, en la lectura y la ortografía; otros, pueden carecer de la habilidad para comprender las operaciones matemáticas; algunos más pueden carecer de habilidades para comprender lo que dicen las personas. Investigadores como Quiroz y Schranger (1980) han sugerido que estas dificultades son causadas por diferencias en el funcionamiento del cerebro y la forma en la cual éste procesa información; de hecho, generalmente tienen un nivel de inteligencia promedio o superior a la media. Lo que sucede es que sus cerebros procesan la información de una manera diferente.

Por otra parte, desde la perspectiva conductual, el objetivo final de la evaluación es identificar las habilidades y debilidades relevantes, precisando las metas de intervención. Se centra en lo que el niño puede y no puede hacer, es decir, en las habilidades que tiene y en las que necesita a fin de aprovechar esta información para planear las condiciones apropiadas para el aprendizaje (Aragón y Silva, 2000; Guevera, Ortega y Plancarte, 2001).

Los padres deben estar atentos a ciertos indicadores sobre la presencia de una dificultad de aprendizaje. Por ejemplo, si su hijo tiene dificultad para entender o seguir instrucciones, si tiene dificultad para recordar lo que se le dice, si no presenta las habilidades para escribir y leer y desarrollar las operaciones matemáticas básicas; si observa dificultad en distinguir relaciones espaciales, como confundir el número 25 con el 52, la letra *b* con la *d* o el artículo *el* con *le*, fácilmente se le extravían los materiales escolares, los libros o confunde el concepto de tiempo como ayer, hoy y mañana (Morris y Blatt, 1999; Romero, Aragón y Silva, 2002).

Las dificultades de aprendizaje escolar tienden a ser diagnosticadas cuando los niños llegan a la escuela. Esto es porque en la escuela se centran en aquellas cosas que pueden ser difíciles para el niño como leer, escribir, las matemáticas, escuchar, hablar y razonar. Los maestros y padres observan que el niño no está aprendiendo como se esperaba. Es posible, por lo tanto, que se solicite una evaluación para determinar cuál es el problema. Con la ayuda apropiada, los niños pueden aprender más fácil y exitosamente. Así, diseñar un programa de desarrollo individual (PDI) reflejará las necesidades en cuanto a las debilidades únicas del niño y de las habilidades escolares que debe adquirir (Guevera, *et al.*, 2001; Guevara y Mares, 1995).

De esta manera, en congruencia con los fundamentos de la aproximación conductual, se considera que los errores de tipo disléxico que el niño comete no son permanentes, sino que pueden ser modificados mediante la aplicación apropiada de los principios del aprendizaje. El propósito fundamental del presente escrito es reportar la aplicación de un programa de desarrollo individual a un niño con dificultades en el aprendizaje escolar basado en los principios conductuales.

Método

Participantes

El participante es un niño de 10 años de edad, al que llamaremos JP. Pertenece a una familia de clase media. Su núcleo familiar está formado por el padre, quien es técnico en máquinas y herramientas; la madre, dedicada al hogar, y una hermana de 16 años de edad que estudia la preparatoria. En el momento de la intervención JP cursaba el cuarto año de primaria. Los padres de JP acudieron al área de Educación Especial de la Clínica Universitaria de la Salud Integral (CUSI) campus Iztacala, UNAM, para recibir orientación y atención profesional respecto de la situación escolar de su hijo reportada en la escuela.

Materiales e instrumentos y procedimiento de evaluación

El estudio se inició con la aplicación de una evaluación que comprendió seis sesiones. Se aplicó una entrevista a la madre en su domicilio, centrada en los siguientes aspectos: motivo de la evaluación, datos generales, información ecológica, antecedentes familiares, historia clínica del niño y de nacimiento, antecedentes del desarrollo y escolares, para identificar así la relación de estos factores con la situación problema que reportan en el niño. Se continuó la evaluación aplicando dos instrumentos de referencia al criterio, los cuales tienen sus fundamentos en la aproximación conductual: *1)* El Inventario de Ejecución Académica (Idea; Macotela, Bermúdez y Castañeda, 1991), que proporciona información sobre las habilidades adquiridas en lectura, escritura y matemáticas de niños mexicanos que cursan primero, segundo y tercero de primaria; proporciona datos cuantitativos y cualitativos de productos permanentes; *2)* El instrumento para Detectar Errores de Tipo Disléxico (Idetid; Aragón, 2001), que proporciona información de los errores de tipo disléxico que el niño comete en dictado, copia y lectura; se aplica a niños que cursan de segundo a quinto año de primaria. Los datos que se obtienen son cualitativos en diferentes universos de generalización, como vocales, letras, sílabas, palabras, enunciados y textos. Además se utilizaron párrafos de los libros que proporciona la Secretaría de Educación Pública de cuarto año de primaria y en especial aquellos que fueran motivadores y de interés para JP.

Tratamiento

Una vez analizados los resultados de la evaluación de las habilidades y debilidades, se diseñó un programa de desarrollo individual. Dicho programa se aplicó en 16 sesiones con una duración de 90 minutos cada una. El programa se enfocó en las debilidades del niño y consistió en la definición de cada una; además, en el establecimiento de objetivos generales, específicos e instruccionales de cada una de las áreas. Se organizaron las sesiones de tal manera que en cada una se trabajan los objetivos instruccionales por área, el horario correspondiente a cada objetivo, los materiales, estrategias conductuales y actividades para cada uno de los objetivos. Las sesiones se realizaron cuatro días a la semana con tres o cuatro actividades, en las tres áreas. Las actividades para lectura de palabras y de enunciados, y lectura y comprensión de textos, consistieron en la presentación de listas o párrafos de 100 a 200 palabras. Para dictado y copia de palabras, enunciados y textos, se utilizaron los mismos materiales usados en lectura. Además se consideraron actividades con operaciones matemáticas básicas, como sumas, restas y multiplicaciones, así como problemas matemáticos que incluían las operaciones anteriores de acuerdo con lo establecido en los libros de matemáticas de cuarto año.

Las estrategias conductuales utilizadas fueron la retroalimentación de los errores cometidos, la sobrecorrección, el reforzamiento diferencial de las respuestas correctas y el modelamiento de la lectura correcta de los párrafos por el instructor.

Una vez diseñado el programa de desarrollo individual, cada sesión se inició con actividades relacionadas con el objetivo instruccional especificado para ese día, como la presentación de imágenes de dibujos que resaltaban los errores descubiertos y descritos en la sección de resultados de evaluación inicial. Los dibujos consistieron en caras de gatos, patos o payasos, entre otros, en los que debían identificar si se omitía, insertaba o sustituía alguna característica en comparación con la muestra, para así pasar a las sílabas, palabras o enunciados en los que se identificaron errores. Independientemente del objetivo instruccional (de lectura, escritura o matemáticas), las estrategias conductuales se utilizaron de la siguiente manera: la retroalimentación consistió en proporcionar información al niño del error o errores que presentó en el momento de la instrucción; por ejemplo, si se le indicó que copiara un texto y cometió errores de omisión –ya sea de acentos o sustitución de mayúsculas por minúsculas–, se le decía que tenía errores y se le presentaba la o las palabras en que los cometió para que las identificara. Además se le decía por qué era un error y cómo corregirlo. Cada vez que volvía a cometer errores se le aplicaba la estrategia de sobrecorrección, la que consistió en que el niño, una vez identificado el error, lo escribiera de nuevo en hojas aparte. La estrategia de reforzamiento diferencial de las respuestas correctas consistió en presentar alabos ("Muy bien", "Ves cómo sí puedes hacerlo bien", "Me da gusto que trabajes bien"), combinado con dulces o premiándolo con salir a jugar después de la sesión. En caso de cometer nuevos errores o no hacerlo bien, se le indicaba que no podía salir a jugar y no se le proporcionaban los alabos ni los dulces. La estrategia de modelamiento consistió en lo siguiente: en la lectura, en el momento en que cometía un error de secuenciación de sílabas o pausas de puntuación, el instructor se lo indicaba y le mostraba cómo debería leer, haciendo las pausas adecuadas y leyendo con la pronunciación correcta de secuenciación de las sílabas en que tuvo el error. Después se le indicaba que leyera haciendo énfasis en lo leído, como el instructor lo realizó.

Resultados

1. Evaluación inicial. Los resultados obtenidos por JP con cada uno de los instrumentos son los siguientes:

IDEA

Lectura. JP presentó errores en la lectura de palabras y enunciados relativos a la separación inadecuada de sílabas en palabras. Errores en la comprensión y asociación de textos de 200 palabras. Cometió errores en textos al omitir la lectura de renglones y signos de puntuación, así como errores de inserción de letras o palabras.

Escritura. Se observaron errores específicos y de regla en copiado, como omisión de acentos, omisión de signos de puntuación, sustitución de mayúsculas por minúsculas y separación inadecuada de sílabas. En dictado, presentó una alta frecuencia de errores de regla como omisión ortográfica, omisión de acentos, sustitución de signos de puntuación y errores específicos como separación incorrecta de sílabas. El error más común fue la sustitución de mayúsculas por minúsculas y viceversa.

Matemáticas. No presentó errores en la identificación de números, ni de antecesor y sucesor. En cuanto a las operaciones matemáticas básicas no presentó errores en resolver las sumas, pero sí en la solución de restas, multiplicaciones y divisiones, debido a que no sabía el procedimiento para resolverlas. Mostró lo mismo en la solución de problemas de resta, multiplicación y división, además de no saber bien las tablas de multiplicar.

IDETID

Dictado. En el dictado de vocales no tuvo errores, las escribió correctamente. Sí se observaron errores de legibilidad en la letra. Presentó errores en diferentes universos de generalización, como omisión de signos de puntuación, admiración e interrogación. Confusión de mayúsculas por minúsculas y viceversa. Errores de secuenciación y separación inadecuada de palabras. Confusión de letras por pronunciación similar.

Lectura. Se presentaron errores de secuenciación en las sílabas. En lo referente a palabras y textos presentó errores de inserción, omisión, secuenciación, posición o dirección, separación de palabras y confusiones diferentes. Leyó sin entonación textos de 100 palabras.

Copia. Errores de separación de letras y palabras, omisión de letras, confusión por el número de elementos, confusiones diferentes y errores al escribir mayúsculas en lugar de minúsculas. Por último, se observó que al copiar textos omite signos de puntuación.

2. Resultados del programa de desarrollo individual. Los resultados obtenidos en la aplicación del programa fueron los siguientes:

Lectura. En lectura de palabras y enunciados, JP disminuyó el número de errores de inserción. La velocidad de lectura aumentó y con menor número de errores. En cuanto a lectura de comprensión, sus habilidades incrementaron debido a que al leer textos contestaba correctamente los cuestionarios relacionados con la lectura en cuestión. Redujo el número de errores de omisión.

La gráfica 6.1 muestra el porcentaje promedio de respuestas correctas obtenidas por JP en lectura de palabras, enunciados u oraciones, en textos de 100 a 200 palabras y en lectura de comprensión de textos de 100 a 200 palabras. En la gráfica no se muestra la lectura de sílabas debido a que éstas están incluidas en la lectura de palabras. Como se observa, en cada uno de los aspectos en los que se trabajó hubo un incremento en el porcentaje de repuestas correctas. En lectura de palabras se incrementó de 65% a 96%, es decir, su habilidad aumentó en 31%. En lectura de enunciados se observa un incremento de 15% (de 75 a 90); en lectura de textos y su comprensión hubo un crecimiento de 32% (58 a 90) y de 25% (75 a 100), respectivamente. En comprensión es donde se observa el mayor incremento, lo que indica que su habilidad mejoró respecto de la omisión en la lectura de renglones y signos de puntuación, así como en inserción de letras o palabras, secuenciación, posición o dirección, separación de palabras y confusiones diferentes.

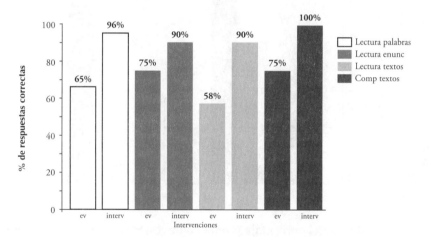

Gráfica 6.1. Muestra el porcentaje promedio de respuestas correctas en evaluación e intervención.

Escritura. Respecto de la legibilidad de la letra, JP mejoró considerablemente; asimismo, en su escritura se notó que iniciaba en los márgenes y en la alineación de los renglones, aunque el tamaño y el trazo de las letras aún no era el adecuado, pero ya era legible.

En cuanto al dictado, JP todavía presenta algunos errores de omisión. Aunque junta algunas palabras y comete errores en la separación de sílabas, la letra es más legible y respeta los márgenes, como en la copia, y escribe correctamente los signos de puntuación. Se observa una notable disminución de los errores de regla. En copia también redujo los errores específicos y de regla.

En el lado izquierdo de la gráfica 6.2 se muestra el porcentaje promedio de respuestas correctas obtenidas por JP en copia de palabras y textos. Los porcentajes muestran la mejoría en su ejecución en los diferentes errores de regla, incluida la legibilidad. Se observa un incremento en el porcentaje de respuestas correctas en copia de palabras y textos de 68.5% (29 a 97.5) y de 90% (10 a 100), respectivamente. En el lado derecho de la gráfica se muestra el porcentaje promedio de respuestas correctas en dictado de palabras y textos. Se observa un incremento en el porcentaje de respuestas correctas de 50% (45 a 95) y de 82.2% (10 a 92.2) en dictado de palabras y textos, respectivamente.

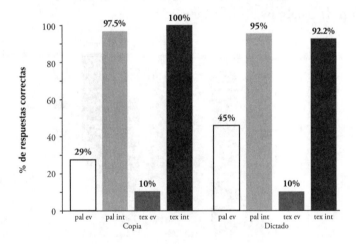

Gráfica 6.2. Muestra el porcentaje promedio de respuestas correctas en copia y dictado, en la evaluación e intervención. El lado izquierdo muestra los datos de copia y el lado derecho los de dictado.

Matemáticas. En cuanto a las operaciones de restas y multiplicaciones, se observó una mejoría en la ejecución del procedimiento para la resolución de cada una de ellas. En la gráfica 6.3 se muestra el porcentaje promedio de respuestas correctas en restas y multiplicaciones. Se puede notar que hubo un incremento en el porcentaje de respuestas de 89.6% (5 a 94.6) en restas y de 86.6% (0 a 86.6) en las multiplicaciones.

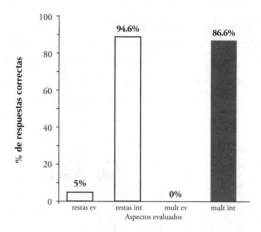

Gráfica 6.3. Muestra el porcentaje promedio de respuestas correctas en evaluación e intervención en restas y multiplicaciones.

En la gráfica 6.4 se muestra el porcentaje promedio de respuestas correctas de las tablas de multiplicar del 4, 5 y 6. El porcentaje se obtuvo del número de repeticiones correctas de cada una de las tablas, contando de cada tabla del 1 al 10. Como puede observarse, el porcentaje de respuestas correctas se incrementó de 30% con que se inició en cada una de las tablas, a 95%, 85% y 80% en las tablas del 4, 5 y 6, respectivamente.

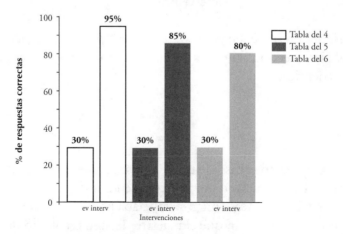

Gráfica 6.4 Muestra el porcentaje promedio de respuestas correctas de las tablas de multiplicar 4, 5 y 6 en la evaluación e intervención.

En la gráfica 6.5 se muestra el porcentaje promedio de respuestas co-rrectas en la solución de problemas referente a restas y multiplicaciones. En el caso de las restas hubo un incremento en el porcentaje de 50% a 93.3%, es decir, que la ejecución mejoró en 43.3%. Y en el caso de los problemas relativos a multiplicaciones se presentó un incremento de 30% (50 a 80%).

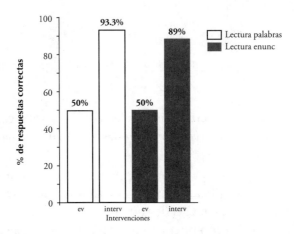

Gráfica 6.5. Muestra el porcentaje promedio de respuestas correctas en solución de problemas en restas y multiplicación en la evaluación e intervefnción.

De las divisiones no se tienen datos debido a que por falta de tiempo no se pudo trabajar. Las operaciones anteriores eran más relevantes para su ejecución académica.

Discusión

El presente trabajo trató el caso de un niño con problemas de aprendiza-je escolar, quien fue canalizado por la escuela en donde estudia, debido a que su bajo rendimiento académico se reflejaba por su lento aprendizaje y bajas calificaciones, es decir, que el maestro del año escolar lo describía como un niño que no seguía el ritmo de aprendizaje de los demás. Con los resultados obtenidos en la evaluación inicial y en la aplicación del programa de desarrollo individual, se confirma lo señalado por Aragón y Silva (2000) y Guevera *et al.* (2001): para que un programa de intervención tenga éxito deben identificarse las habilidades y debilidades relevantes específicas y precisarse las metas de intervención; por lo tanto, desde esta perspectiva, la relación entre la evaluación y la intervención debe centrarse en lo que el niño puede y no puede hacer, es decir, en las habilidades que tiene y en las que necesita, y aprovechar esta información para planear las condiciones apropiadas para el aprendizaje. Así, podemos observar que este tipo de metodología es una de las alternativas viables en la educación especial para ayudar y apoyar a los niños con dificultades de aprendizaje escolar.

Bibliografía

Aragón, L.E. (2001). *Intervención con niños disléxicos: Evaluación y tratamiento.* México: Trillas.

—— y Silva, A. (2000). Análisis cualitativo de un instrumento para detectar errores de tipo disléxico (Idetid-lea). *Psicothema, 12* (2), 35-38.

Guevara, Y., y Mares, G. (1995). Programa interconductual para la corrección de la articulación, lectura y escritura. *Revista Interamericana de Psicología, 29,* (2), 177-190.

Guevera, Y., Ortega, P., y Plancarte, P. (2001). *Psicología conductual: Avances en educación especial.* México: fes- Iztacala, unam.

Macotela, S., Bermúdez, P., y Castañeda, I. (1991). *Inventario de ejecución académica* (idea). México: Facultad de Psicología, unam.

Morris, R. J., y Blatt, B. (1999). *Educación especial. Investigaciones y tendencias.* Buenos Aires: Panamericana.

Quiroz, J., y Schranger. (1980). *Fundamentos neuropsicológicos en las discapacidades de aprendizaje.* Buenos Aires: Médica Panamericana.

Romero, M., Aragón, L.E., y Silva, A. (2002). Evaluación de las aptitudes para el aprendizaje escolar. En L.E. Aragón y A. Silva (eds.). *Evaluación psicológica en el área educativa* (37-80). México: Editorial Pax México.

Capítulo 7

Los procesos de crisis y de adaptación en las familias con un hijo con necesidades educativas especiales

Rogelio León Mendoza

El presente estudio es el resultado de años de experiencia trabajando con niños con necesidades educativas especiales (NEE) y sus familias, lo que representa una propuesta de integrar el trabajo clínico a las familias de estos niños. La aparición de una enfermedad crónica o terminal en uno de los miembros de la familia tiene un impacto radical en el interior de ésta, así como en su entorno, que se da principalmente por el sufrimiento familiar; la incertidumbre de la severidad del daño en las capacidades del enfermo y la incorporación del equipo médico u hospitalario. Al enfrentarse a la enfermedad, se producen cambios bruscos en las interacciones familiares, que se cronifican y que muchas veces dificultan la rehabilitación, sobre todo cuando la enfermedad cubre una necesidad en el sistema familiar (Robles, Eustace y Fernández, 1987).

Cohen (2000) indica que las enfermedades crónicas en los niños presentarán riesgos de depresión y un conflicto marital que afecta la salud de los padres, puesto que los factores que trae consigo la enfermedad crónica –como los cuidados y la responsabilidad del enfermo– incrementan el estrés que se reflejan en un mayor involucramiento en el tratamiento, pero que las condiciones de salud de los hijos se asocian con altos niveles de angustia en las madres. Los padres reportan estrés en relación con las finanzas y el apego emocional hacia su hijo, que en conjunto repercuten en desdeñar las actividades sociales y recreativas, así como en la crianza de sus otros hijos. Y los hermanos quizá experimenten un trato diferente en relación con el niño enfermo.

El impacto de la situación biológica en los niños es significativo para los padres, la escuela y la comunidad, por lo que es imprescindible el desarrollo de programas que posibiliten y aseguren el acceso a los servicios de salud y educación. Si la atención psicológica se extendiera a la familia estaríamos asegurando su rehabilitación completa e integral, así como de la escuela y la comunidad.

Sobre la base de estudios como Barlet (1990), CELAEE (1996), Ehrenkrantz, Miller, Vember y Fox (2001), León y Crecencio (2001), y Noll (2000) que han demostrado las reacciones emocionales de los padres ante el déficit de su hijo, y de las diversas contribuciones de la terapia familiar, se considera que la familia de los niños con NEE, se encuentra en un estado de crisis que se inicia con la confirmación del diagnóstico de la discapacidad o en un estado de adaptación que implica la aceptación del déficit y la reorganización de la familia en torno de él.

Barlet (1990) considera que la etapa de crisis se produce por "una reacción de conmoción o choque emocional", donde se presentan dolor y aturdimiento muy intensos que dejan una huella dolorosa, y un estado de ansiedad con sentimientos de frustración y culpabilidad. Después de que los padres han reconocido la situación, se inician en un proceso de aceptación en el que disminuye el grado de ansiedad y pueden valorar las posibilidades del desarrollo del niño. Tanto la situación biológica como una enfermedad grave inciden en el tiempo y se manifiestan en demandas psicosociales que requieren tareas propias de desarrollo e implican cambios y actitudes significativos en la familia (Rollan, 2000). En este sentido, la atención psicológica de la familia en el campo de la educación especial implica determinar cuáles son las variables involucradas y valorar las necesidades de las familias, ya que desempeñan un papel importante no sólo para facilitar la rehabilitación sino también en el desarrollo emocional y social de los niños con NEE. El objetivo del presente estudio es analizar los procesos de crisis y adaptación de las familias de los niños con estas necesidades durante tres y cinco años.

Método

Participantes

Participaron voluntariamente 23 familias con un hijo con NEE. Las edades de los niños fluctuaban entre los seis y los 22 años; cuatro fueron diagnosticados con síndrome de Down; tres con autismo y 16 con daño cerebral; asistían a un centro de rehabilitación y educación especial del Estado de México.

Instrumentos

Entrevista y un cuestionario semiestructurado con los que se obtuvieron los datos generales de cada familia, su constelación, antecedentes de cada niño y la organización y problemática familiar.

Escenario

Las entrevistas se efectuaron en un cubículo del centro de educación especial en presencia de toda la familia y dos terapeutas.

Definiciones conceptuales

Familia en crisis. Caracterizada por la negación del déficit y rechazo hacia el hijo que se manifiesta con sobreprotección o descuido. Se presenta falta de orientación y organización de la familia sobre los cuidados educativos y médicos.

Familia en adaptación. Considerada cuando existe aceptación del déficit, los modelos de relación se dirigen hacia la organización de la familia en función de la situación del niño y de los demás integrantes de la familia.

Diseño del estudio

El estudio realizado fue no experimental o *ex post facto*, en el que sólo se observaron y analizaron las familias a partir de las etapas en que se encontraban (crisis o adaptación), mediante un diseño longitudinal durante tres y cinco años en que las familias fueron atendidas (Hernández, Fernández y Baptista, 2003).

Procedimiento

Se solicitó la autorización a cada familia para reportar la información de expedientes, así como los reportes y evaluaciones que se realizaron durante los tres y los cinco años en que se atendieron en el centro de educación especial. Cada familia fue observada y analizada de acuerdo con las definiciones conceptuales de familias en crisis o familias en adaptación, para que posteriormente se dividieran en esos procesos. Los niños recibieron educación especial en las áreas de lenguaje, motricidad, repertorios básicos y autosuficiencia, entre otros. Los padres recibieron psicoeducación dos veces por semana, que consistió en orientación sobre cómo trabajar con sus hijos en casa. Hubo entrevistas con las familias cada dos meses, para que proporcionaran información sobre el desarrollo del niño y la problemática en la organización familiar.

Resultados

El análisis de las 23 familias que constituyeron la muestra arrojó los siguientes resultados: 14 de ellas (61%) se encontraban en la etapa de crisis y nueve (39%) pertenecían a familias en proceso de adaptación. En las entrevistas las familias en crisis no mostraron aceptación de la situación biológica por la que pasaban sus hijos ni de la severidad del daño; argumentaron que lo que presentaban sus hijos era temporal, y con el tratamiento psicológico y médico se iba a lograr su restablecimiento; se observó en la mayoría de estas familias una marcada sobreprotección. No motivaban la autonomía de sus hijos al tomar sus alimentos, sino que las madres les daban de comer, los vestían. Los niños no tenían control de esfínteres, etcétera. Se observó también mucha dificultad para recibir las recomendaciones del terapeuta sobre el trato conductual y el trabajo psicológico, así como para seguir las prescripciones médicas.

Las familias en adaptación presentaron una mejor organización familiar; estaban conscientes de las deficiencias de sus hijos y esto les permitía tratarlos adecuadamente; motivaban el esfuerzo y el logro de sus hijos, estaban al pendiente de las recomendaciones que hacía el terapeuta (Cuadro 7.1).

Cuadro 7. Datos de las 23 familias estudiadas divididas en cada proceso.

Familias	Procesos familiares	
	En crisis	En adaptación
23	14 (61%)	9 (39%)

Características de las familias		
	En crisis	En adaptación
Padres casados	9 (64%)	7 (78%)
Separados	2 (14%)	2 (22%)
Reconstruidas	3 (21%)	0

Etapa de ciclo vital		
	En crisis	En adaptación
Fam. con hijos escolares	8 (57%)	3 (33%)
Fam. con adolescentes	3 (21%)	6 (67%)
Fam. con hijos jóvenes	2 (14%)	0
Nido vacío	1 (7%)	0

Constitución familiar		
	En crisis	En adaptación
Hijo único	3 (21%)	1 (11%)
Último hijo	6 (43%)	3 (33%)
Entre hermanos	2 (14%)	4 (44%)
Hijo mayor	3 (21%)	1 (11%)

De las 14 familias en crisis, nueve eran familias nucleares (64%) y siete (78%) de las nueve eran familias en adaptación. De las familias en crisis, dos estaban separadas (14%) y tres eran familias reconstruidas (21%), y de las familias en adaptación, dos (22%) estaban separadas (Cuadro 7.1). Evidentemente, más de 60% de las familias tanto en crisis como en adaptación son familias unidas, y cabe preguntarse ¿qué relación hay entre la situación biológica del hijo y la unión de los padres?, ¿qué función cumple el niño con NEE en el subsistema parental?

En relación con el ciclo vital, poco más de la mitad de las familias en crisis (57%) se encontraba en la etapa de niños escolares, 21% correspondía a la etapa de familias con hijos adolescentes, 14% eran familias con hijos jóvenes y 7% estaban en nido vacío. Las familias en proceso de adaptación (67%) se ubicaban en la etapa de ciclo vital de hijos adolescentes y únicamente 33% se encontraba en la etapa de niños escolares, lo que indica que la experiencia de las etapas anteriores es un aspecto importante para el proceso de adaptación en el sistema familiar; esto se relaciona con el lugar que ocupó el hijo con NEE, ya que de las familias en crisis ocupaba el último lugar en 43%, es decir, era el más chico del subsistema de los hijos; mientras que en las familias en adaptación, 44% de los casos, el hijo con NEE tenía hermanos más grandes y más chicos que él (Cuadro 7).

En relación con los problemas de mayor incidencia en el subsistema parental, se reportó que en todas las familias había un conflicto entre los padres, y en 77% en las familias en adaptación; en resumen, de las 23 familias en crisis y adaptación sólo dos reportaron que no había problemas entre los padres. Esta evidencia demuestra la gran necesidad de brindar apoyo terapéutico a las familias, pues cabe preguntarse si el conflicto entre los padres se debe al mutuo reproche sobre el padecimiento de su hijo. Es una cuestión que confirma la importancia del apoyo emocional que requieren estas familias. Las familias también reportaron problemas escolares y de conducta en sus hijos; 64% de las familias en crisis y 66% de las familias en adaptación. Se encontró que las familias en crisis sobreprotegían a su hijo (78%), hecho que se manifestaba en la falta de estimulación de las conductas de autocuidado básico; por ejemplo, los vestían, les daban de comer y los niños no tenían control de esfínteres. De las familias en adaptación, 33% reportó este problema.

En relación con las conductas negligentes, se observó un porcentaje bajo (21%) en las familias en crisis, caracterizadas por el descuido en la higiene personal de los niños, no llegar a tiempo a la terapia o llegar tarde a recogerlos en los horarios de salida y descuido para suministrarles los medicamentos; en las familias en adaptación no se observaron estas conductas. En cuanto a las alianzas madre-hijo contra el padre, se registró 71% en las familias en crisis y 44% en las familias en adaptación, lo cual indica que existe triangulación del conflicto parental hacia el hijo con NEE (Cuadro 7.2). La organización familiar reportada, acordada por la familia para realizar las actividades relacionadas con el hijo con NEE (tareas dictadas por el personal del centro de educación especial, las prescripciones médicas, la asistencia puntual a las reuniones de padres, la comunicación de los desacuerdos entre los padres), la presentaron todas las familias en adaptación, mientras que en las familias en crisis no se registró dicha organización (Cuadro 7.2).

Cuadro 7.2 Problemas de mayor incidencia de las 23 familias en cada proceso.

Problemas familiares	En crisis	En adaptación
En el subsistema conyugal	100 %	7 (77%)
En el subsistema de los hijos	9 (64%)	6 (66%)
Sobreprotección	11 (78%)	3 (33%)
Negligencia	3 (21%)	0
Coalición madre hijo contra el padre	10 (71%)	4 (44%)
Organización familiar	100 %	0

El cuadro 7.3 muestra los resultados de otros aspectos, como la participación del padre en la educación de su hijo con NEE, en la que se observa que en la mayoría de las 23 familias el padre tuvo participación; esto es, 10 de las 14 familias en crisis (71%) y siete de las nueve familias en adaptación (77%). En comparación con la participación de la madre que fue total en ambos tipos de familia.

Cuadro 7.3: La participación del padre en la educación de su hijo con NEE, y la importancia que él tiene en la familia.

Otros factores	En crisis	En adaptación
Participación del padre	10 (71%)	7 (77%)
Participación de la madre	100 %	100 %
Centralidad del hijo con NEE	9 (64%)	100%

La centralidad o el nivel de significancia del hijo con NEE, manifestada por la importancia que tiene en su grupo familiar, tanto física como emocionalmente, es total para las familias en adaptación, y para las familias en crisis es de 64% (Cuadro 7.3).

Cuadro 7.4. Las redes de apoyo con que cuentan las familias con hijos con NEE.

Redes de apoyo

	En crisis	En adaptación
Familiares	3 (21%)	3 (33%)
Institucionales	1 (7%)	2 (22%)

Finalmente, las redes de apoyo con que cuentan estas familias, como son los soportes o ayudas emocionales y económicas o en el cuidado de los hijos que pueden brindar abuelos, tíos o primos, y las redes de apoyo institucionales como los hospitales, los centros de ayuda, etcétera, se presentaron en un bajo porcentaje: en las familias en crisis 21% y 33% para las familias en adaptación. Sin embargo, consideraron que podían recurrir a otro familiar en una situación de emergencia; de la misma manera, 7% de las familias en crisis y 22% de las familias en adaptación reportaron apoyo de las instituciones. Los datos confirman que las familias no cuentan con apoyos seguros o confiables de sus familiares ni de las instituciones, por lo que se han apartado de los sistemas sociales más cercanos. Esto porque la connotación social que tiene la discapacidad conlleva una fuerte afección y es determinante para relacionarse fuera del sistema familiar (Cuadro 7.4).

Discusión

Las familias con un hijo con NEE atraviesan por situaciones que afectan inevitablemente su funcionamiento. El ingreso al sistema familiar de un hijo con problemas de desarrollo es un fuerte impacto para los padres, los cuales tendrán que entender y adaptarse a las necesidades biológicas y psicológicas durante el crecimiento de su hijo. El constante ir y venir con especialistas como el médico, el neurólogo y el psicólogo, convierte a éstos en una segunda familia; como lo señala Rollan (2000): la familia se considera en función de qué tan efectiva es su organización y los recursos que hay a su disposición para lograr superar los desafíos a lo largo de todo su ciclo de vida.

Los procesos de crisis y de adaptación no son aspectos temporales, ni siquiera se infiere que del proceso de crisis se pase necesariamente a la adaptación; dichos procesos tienen relación con las condiciones particulares de cada sistema familiar, como la etapa del ciclo vital, o el lugar que ocupa el niño con NEE dentro del sistema y la realización de las tareas de desarrollo de cada miembro del sistema; es decir, las actividades en el seno del sistema requieren de una comunicación abierta y directa entre el subsistema parental y el sistema profesional que lo atiende. Un niño con NEE afecta la estructura familiar, esto es, las formas de relación y, por ende, las reglas que se establecen entre los subsistemas. La forma cómo comunican el conflicto de la situación biológica y los acuerdos para continuar con el tratamiento, el apoyo que reciben de otros sistemas como la escuela, los centros de atención y la comunidad, son elementos íntimamente relacionados para lograr un proceso de adaptación; de ahí la importancia de conocer a las familias y proporcionarles el apoyo terapéutico que requieren.

Como conclusión es importante, dentro del marco profesional de la educación especial y debido a que hasta ahora el trabajo en este campo se ha limitado a la terapia de aprendizaje y la rehabilitación físico-motora del menor con retardo en el desarrollo –ha sido su principal preocupación–, el trabajo terapéutico con las familias de estos niños. La inclusión de la terapia familiar en el trabajo de la educación especial es en beneficio del niño y su familia, y ayuda en la resolución de problemas que se presentan dentro y fuera del sistema.

Desde esta perspectiva, y de acuerdo con Cambell, McDaniel y Cole (2003) y Barker (2004), la educación especial debe incluir necesariamente la terapia familiar, enfocada en tres aspectos:

1. El instrumental y el afectivo familiar. Implica conocer cómo la familia satisface las necesidades básicas de subsistencia como comida, casa, vestido; además, la provisión de los servicios de salud, en especial al niño con NEE. Implica también evaluar e intervenir, de ser necesario, en el cumplimiento de las tareas de tipo afectivo que corresponden a la expresión de aceptación, cariño, apoyo, indispensables para la satisfacción emocional de los miembros de la familia.

2. El psicoeducativo familiar. El psicólogo familiar proporciona la información necesaria y suficiente sobre el padecimiento y los problemas que enfrenta el menor con NEE, así como las actividades y cuidados que requiere para su tratamiento médico y psicológico, como controlar y modificar las conductas inadecuadas, etcétera.

3. El emocional familiar. La terapia familiar debe encaminarse a facilitar la solución de conflictos, ayudar a enfrentar y superar la crisis familiar, prevenir aquellas acciones que la familia puede realizar ante los eventos inesperados, como accidentes o muerte. Comprende dos tipos de problemas que surgen como resultado de los procesos naturales de crecimiento: *a)* Tareas relacionadas con las etapas de desarrollo individual que implican cambios en la estructura psíquica individual, como la infancia, la adolescencia, la crisis de la edad media, y *b)* Tareas relacionadas con las etapas del ciclo vital, que involucran cambios estructurales en el desarrollo del sistema familiar, como el inicio del matrimonio, el nacimiento del primer hijo, etcétera.

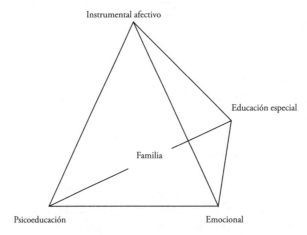

Figura 7.1. Esquema integral discapacidad-familia

En este esquema se representan las áreas de incursión de la labor profesional del terapeuta clínico encaminadas hacia la psicoeducación; lo instrumental y afectivo familiar y lo emocional, así como la labor profesional del terapeuta encargado de la educación especial del niño. La manera de abordar el tratamiento terapéutico dependerá de la evaluación inicial de la familia que tiene como fin conocer su estructura y funcionamiento, así como de las necesidades del sistema familiar. Cabe señalar la necesidad de establecer contacto colaborativo con los diferentes profesionales que atienden al sistema familiar.

Bibliografía

Barlet, X. (1990). Los padres siempre quieren a sus hijos. *Logopedia y audiología, 10* (1), 15 – 21.

Barker, P. (2004). Models for the assessment of families. *Basic family therapy.* Estados Unidos: Blackwell science.

Cambell, L.T., McDaniel, H.S., y Cole, K. (2003). Family issues in health care. En B.R. Taylor. *Family medicine: Principles and practice.* Estados Unidos: Springer.

CELAEE (1996). Familia y discapacidad. Análisis psicosocial. *Centro de referencia para la educación especial.* Colectivo de especialistas. Cuba: CELAEE.

Cohen, M.S. (2000). Chronic illness in children: Stressors and family doping strategies. En L. Berg-Cross. *Basic concepts in family therapy and introductory.* Estados Unidos: The Haworth Press.

Ehrenkrantz, D., Miller, C., Vember, D.K., y Fox, M.H. (2001). Measuring prevalence of childhood disability: Addressing family needs while augmenting prevention. *Journal of Rehabilitation, 67* (2).

Hernández, S.R., Fernández, C.C. y Baptista (2003). *Metodología de la investigación.* México: McGraw Gill.

León, M.R., y Crecencio, L.M. (2001). Niños especiales *vs.* Familias especiales. Ponencia presentada en el XX Coloquio de investigación. UNAM, FES- Iztacala. Noviembre.

Noll, R.B. (2000). Social and emotional functioning of children with NF and your families a case controlled study. *Journal Announcement 0114* (7).

Rolland, S.J. (2000). Análisis de la dinámica familiar en enfermedades crónicas. *Familias, enfermedad y discapacidad.* España: Gedisa.

Robles, F.T., Eutance, J., y Fernández, C.M. (1998). *El enfermo crónico y su familia. Propuestas terapéuticas.* México: Nuevomar.

CAPÍTULO 8

El enfoque gestáltico en la educación especial

J. René Alcaraz González

Luego de 20 años de trabajar en el campo de la Educación Especial y la Rehabilitación (EER) en la Clínica Universitaria de Salud Integral (CUSI) de la Facultad de Estudios Superiores Iztacala, he acumulado gran experiencia profesional con una numerosa y heterogénea población de personas con capacidades diferentes, desde los "simples" problemas de conducta hasta las "complejidades" de síndromes raros como el de Appert.

La diversidad y complejidad de los casos con los que se encuentra el psicólogo en este campo de trabajo es tal que ha sido un imperativo científico y profesional la búsqueda de nuevos modos de abordarlos tanto en lo conceptual como en lo aplicado. Por lo mismo, los marcos teóricos que han incursionado en este campo son igualmente diversos, desde la psicogenética de Piaget hasta el psicoanálisis de Maud Mannoni. Esta diversidad teórica ha sido entonces una tendencia natural que se ha visto reflejada en la CUSI Iztacala.

Cada una de las aproximaciones teórico-metodológicas que se ha interesado por esas personas, que en un tiempo fueron llamados "idiotas", "imbéciles", "retardados", "posesos", "iluminados", "retrasados mentales", "retardados en el desarrollo", "deficientes mentales", "personas con necesidades especiales", pero siempre refiriéndose a una "diferencia" difícil de definir que los distingue de "otros" que son igualmente difíciles de tipificar, tiene una forma de denominarlos y tratarlos, aunque no siempre explicitan la base filosófica y las categorías epistemológicas que subyacen insoslayablemente a sus conceptos y prácticas en torno de esas personas "diferentes".

Una aproximación teórica de fuerza creciente en el campo clínico son la psicología de la Gestalt y su derivado la psicoterapia Gestalt (TG), que se han mantenido prácticamente fuera de este campo porque se presupuso que las personas con capacidades diferentes no tienen suficiente capacidad de darse cuenta (DC) para beneficiarse de esta metodología. En México, sin embargo, ha habido acercamientos de este enfoque con los trabajos de Amescua (1997).

En este trabajo presento algunos avances en la aplicación de este enfoque en el campo de la educación especial, y hago explícitas sus características más notables y la manera en que las he empleado; asimismo, reseño brevemente algunos de los casos con los que he trabajado, incluidos tanto los exitosos como los fallidos, para finalmente hacer una reflexión al respecto.

El objetivo de este trabajo es exponer la forma en que hemos utilizado el enfoque Gestalt en el campo de la EER, y señalar los alcances y limitaciones que se han experimentado con él.

La importancia del contexto. El fondo

Uno de los conceptos fundamentales derivados de la psicología de la Gestalt (PG) es el de la relación figura-fondo, el cual nos indica que la percepción humana no es homogénea sino que se organiza natural y automáticamente en términos de figura y fondo (Köhler, 1972). La figura es un elemento del campo en el que se encuentra interactuando la persona, que es percibido con claridad, en detalle, con una estructura definida; mientras que el fondo es percibido marginalmente, de manera difusa, poco estructurado, sin detalles (Guski, 1992). La figura se destaca claramente del fondo pero nunca pierde la relación con él; de hecho, depende de él: es decir no puede haber figura sin fondo ni fondo sin figura, tienen una relación indisoluble de mutua implicación, lo cual es de suma importancia para comprender que todo caso de educación especial es la figura que se destaca de un fondo, es decir su contexto.

Desde el enfoque gestáltico, pues, es claro que todo caso emerge de un contexto y no puede entenderse ni tratarse al margen de él. De las múltiples relaciones que el caso tiene con el contexto surge el significado de sus particularidades (Perls, 1998), lo cual lo hace único e irrepetible; por tanto, la forma de tratarlo ha de ser necesariamente *ad hoc*, adecuada a sus características.

Ahora bien, en el contexto en el que se inserta el caso existen microprocesos, mesoprocesos y macroprocesos. Los primeros son aquellos que ocurren en la persona misma, en su cuerpo y su ontogenia; los segundos tienen lugar en la familia, su estructura, su dinámica y su origen, y los terceros, aquellos que involucran a la comunidad, su cultura, su geografía y su historia filogenética y social (Lara, 2005).

Cuando nos enfrentamos al caso, entonces, lo primero que considera-mos es el contexto y el tipo de proceso que se nos presenta, determi-nando si es un micro, meso o macroproceso el que estamos atendiendo. De hecho, siempre están interactuando los tres, pero uno se hace domi-nante y constituye la figura, mientras que los otros integran el fondo, lo cual no significa que desaparezcan y dejen de participar en el que se presenta como figura, y que la relación entre ellos cambie, de modo tal que el proceso que se constituyó como figura pase al fondo y un proceso del fondo pase a ser figura.

Por lo común, los enfoques teóricos que se abocan a la educación es-pecial sólo se ocupan de los microprocesos (aunque el histórico-cultu-ral sí considera las condiciones sociales de vida, su método no nos dice claramente cómo trabajar en este nivel); por el contrario. el enfoque Gestalt afirma que el todo es más que la suma de sus partes, por lo que es preciso considerar la totalidad para entender la particularidad. La cuestión esencial reside en comprender que no necesitamos intervenir modificando y manipulando todas las variables que componen el cam-po en el que se inserta el caso (lo cual es prácticamente imposible y éti-camente cuestionable), como pretende el enfoque conductual radical, por ejemplo. Desde el enfoque gestáltico, lo que hacemos es identificar –como ya se señaló– lo que para el caso está funcionando como figura (no para el terapeuta, cuyo percepción también está operando con una figura y un fondo, pero que en su caso son distintos) ya que donde está la figura subyace la energía organísmica para satisfacer la necesidad dominante.

La necesidad dominante. La figura

El proceso de formación de la figura depende de lo que hemos denomi-nado la necesidad dominante. Por necesidad entendemos aquello que es inevitable, aquello cuya falta en el organismo provoca malestar y even-tualmente la muerte (el resto son deseos o pseudonecesidades).

Las necesidades que puede experimentar una persona son de muchos tipos, y no todas las personas tienen las mismas necesidades ni usan los mismos satisfactores para una misma necesidad. Sin embargo, las llama-das necesidades primarias sí son comunes a todas las personas; nosotros las agrupamos en cinco categorías que presentamos en orden de importancia: *1)* Movimiento o acción, *2)* Respiración-aire, *3)* Hidratación-agua, *4)* Nutrición-alimento, *5)* Información-experiencia o datos.

¿Cuánto podría vivir una persona sin comer? Cuando mucho unos 40 días. ¿Cuánto podría vivir sin agua? Tal vez unos seis días. ¿Y sin respirar? No llega a los diez minutos. ¿Sin moverse (y esto incluye los movimientos de la caja torácica al respirar, los intestinos al digerir o el corazón al latir)? Lo más probable es que unos segundos. ¿Y qué sucede con alguien sin datos ni experiencias? Pues es alguien que no ha nacido o está muerto; los humanos llamamos aburrimiento, tedio, al hambre de datos o experiencias; se experimenta también como ansiedad o curiosidad, pero en todos los casos es una sensación desagradable, lo que es indicativo de que hay una necesidad insatisfecha.

Las necesidades constituyen la motivación para que el organismo busque en su ambiente información que lo lleve a localizar dentro del campo el o los satisfactores que en ese momento le sean más urgentes, pues el organismo tiene la facultad de organizar jerárquicamente sus necesidades, de tal modo que la más urgente –según el contexto concreto en que se encuentre– será la que lleve a la persona a percibir como figura el satisfactor correspondiente: el que hambre tiene, en pan piensa.

Cuando una necesidad ha sido satisfecha se disuelve la Gestalt y esa figura se reintegra al fondo del campo, de donde la siguiente necesidad en la jerarquía impulsará la formación de una nueva figura, que a su vez organizará, coordinará y ejecutará –por vía de las funciones de la atención o proceso atentivo– las acciones conducentes a conseguir el satisfactor correspondiente.

Las necesidades, sorprendentemente, pueden posponerse para "un mejor momento", cuando en el campo no se encuentra el satisfactor para la necesidad, quedando ésta en "suspenso", a la espera de que cambien las condiciones ambientales o se desplace el organismo para insertarse en un nuevo campo.

En todo momento, entonces, existe una "necesidad dominante" organizando y motivando las acciones del organismo; no hay nada fortuito al parecer en el comportamiento humano, incluso en el más complejo como es el comportamiento creativo.

Por tanto, en los casos de EER debemos estar atentos en todo momento en cuál es la necesidad dominante que subyace a la conducta de las personas, y cómo ésta cambia de un momento a otro en un mismo contexto y de un contexto a otro. Si somos capaces de identificar la ND de las personas con quienes trabajamos, estamos en condiciones de manipular variables significativas para la modificación conductual, como hacen los conductistas y también los gestaltistas, pues aunque suene raro, la Gestalt tiene en su metodología un fuerte componente conductual, pero que no está supeditado a una filosofía positivista –como el conductismo– sino a una filosofía humanista existencialista, que incluye como parte de su objeto de estudio los pensamientos y los sentimientos, tanto como el comportamiento observable, a los que no separa ontológicamente y que de hecho concibe como diferentes expresiones de la misma cosa: la existencia de la persona (Ginger y Ginger, 1993).

Dos cuerpos en un solo caso

La Gestalt, desde su origen, tiene elementos de la teoría psicoanalítica, aunque su significado no es el mismo y en consecuencia tampoco la manera de usarlos metodológicamente. En el campo de la EER una de las mayores aportaciones del psicoanálisis ha sido su aproximación al estudio de la relación del niño retardado y su madre, que está claramente expuesta en la obra de Maud Mannoni (1987). De esta autora he retomado la noción de que los casos de EER siempre tienen al menos dos cuerpos, el de alguien para quien se solicita un servicio y que por sí mismo no demanda nada, y otro de alguien que demanda un servicio para quien se supone "diferente", y que no se da cuenta de que es él o ella mismo(a) quien tiene necesidad de ser atendido.

En pocas palabras: el nacimiento de una persona con alguna atipicidad genera profundos y complejos trastornos en los miembros de la familia a quienes afectará de distinta manera en función del lugar que ocupen en la constelación familiar. Los abuelos, tíos, primos, hermanos, padre y madre desempeñan distintos roles y asumen diferentes actitudes y responsabilidades en torno de la persona "diferente" que ha nacido en su familia. De todos ellos, es la madre quien se ve atrapada en una compleja red de relaciones y convencionalismos sociales que hacen particularmente importante y difícil su vida al lado de un hijo especial.

El trasfondo de muerte

En la clínica hemos observado que efectivamente en todos los casos de EER aparece el "trasfondo de muerte" del que habla Mannoni (*op. cit.*); en las entrevistas en profundidad que se realizan a todas las madres que solicitan para sus hijos el servicio de EER aparecen ideas de muerte: "Cuando me enteré sentí que me moría", "Yo quería morirme y que mi hijo se muriera conmigo", "Fue como si me hubieran matado", "Tuve miedo de que se me muriera, pero si él se moría me moría yo". Expresiones como éstas revelan el drama de estas madres, quienes no pueden rechazar abiertamente a estos hijos que no son como el niño fantasmático que imaginaron mientras estuvieron embarazadas (hasta la fecha en más de veinte años de servicio no he escuchado a ninguna mujer, embarazada o no, en ningún contexto, desear que su hijo nazca con alguna atipicidad). El culto que en México se rinde a la maternidad es tan poderoso que no concebimos que una mujer puesta en este trance tenga derecho ni siquiera a pensar, expresar o sentir rechazo por su hijo "diferente"; por lo tanto, esa mujer está obligada a guardar silencio y reprimir sus sentimientos y pensamientos al respecto, cubriéndolos de una apariencia de "amor sublime" que la lleva a sacrificarse de por vida por ese hijo, renunciando a sí misma y a su derecho a ser feliz. A partir de ahí se inicia su "peregrinar" de consulta en consulta buscando "la cura" para ese hijo a fin de recuperar su libertad perdida.

He ahí los dos cuerpos que siempre se presentan a la consulta y que son una característica distintiva de los casos de EER: El cuerpo de la madre y el cuerpo del hijo en la mayoría de los casos; en algunos pocos viene la madre con el padre, quien se mantiene en el fondo, como acompañante, sin comprometerse demasiado. En algunos casos más raros viene sólo el padre, porque la madre ha muerto o bien ha enfermado al grado de no poder salir de casa; también hemos visto muchas abuelas ocupando el lugar de la madre, porque ésta se dedica a trabajar luego del abandono del padre, incapaz de aceptar al hijo "diferente". En raros casos son las hermanas o los hermanos quienes ocupan el rol de la madre, pero todos agobiados por "la carga" que representa tener en la familia a una persona con capacidades diferentes.

En este contexto del "trasfondo de muerte", "de rechazo callado", de "dos cuerpos" fusionados, el enfoque gestáltico nos permite atender a las dos personas involucradas como una totalidad; por ello nos referimos al "caso" sabiendo de antemano que involucra al menos a dos personas con necesidades y roles diferentes pero íntimamente relacionadas.

Durante los primeros años, en la clínica Iztacala sólo se atendía al "niño", dejando en la sala de espera al "otro cuerpo" (la madre) que no era considerado entonces como parte del caso. La experiencia acumulada con los años nos llevó a ver los límites de esta forma de trabajo y a trascenderlos involucrando de manera paulatina a los padres en el tratamiento de sus hijos basándose en los planteamientos de Bijou (1980) con enfoque conductual, y los de Mares y Hick (1984) y Jacobo (1998) con enfoque psicoanalítico. Después, los padres fueron abordados explícitamente como parte integrante del caso con los trabajos de Aguilera, Alcaraz, Ávila, Dorantes y Salinas (2003, 2004, 2005), y por último, en 2002 con el enfoque gestáltico (Alexander, 2003).

Con el enfoque gestáltico entendemos a los padres como parte fundamental de la gestalt que integra el "caso" de EER; por lo tanto, son igualmente atendidos de modo psicoterapéutico por psicólogos en proceso de titulación y por psicoterapeutas especialmente entrenados que participan en proyectos de investigación en este campo. Aunque faltan recursos humanos adecuadamente capacitados para atender en este nivel a la totalidad de la población de padres que acuden a la CUSI, una alternativa que hasta el momento ha funcionado son los grupos terapéuticos o talleres para padres que se organizan de manera simultánea en el horario y en las mismas instalaciones donde son atendidos sus hijos (Alcaraz, 2003).

Trabajar con los dos cuerpos en lugar de hacerlo sólo con uno implica superar en forma considerable la intermitencia que los fines de semana, periodos vacacionales y demás imponen al calendario de trabajo de la clínica, y que merman de modo evidente los avances logrados en el trabajo cotidiano, obligándonos constantemente a retroceder en los respectivos tratamientos. Por otra parte, al trabajar sistemáticamente con los padres hay un enorme cambio en las relaciones de éstos con sus hijos especiales y con sus familias. Nótese que he usado el término "cambiar" y no "mejorar", porque desde este enfoque no se pretende "arreglar" la vida de los pacientes ni "resolver" sus problemas, lo que se busca es que lleguen a los tres objetivos de la TG.

Los objetivos de la Gestalt y la pregnancia

Así como el psicoanálisis ortodoxo adoptó como meta hacer consciente lo inconsciente y, en lo que respecta a los deficientes mentales, transformarlos de objetos de deseo en sujetos deseantes, el enfoque Gestalt también tiene sus objetivos, que son:

- Incrementar la capacidad de darse cuenta (*awarenes*).
- Aprender habilidades.
- Expandir el autoconcepto.

Estos tres objetivos tienen su base en el "principio de pregnanz o pregnancia", que se refiere a la tendencia de todo organismo a dar siempre la mejor respuesta que puede con los recursos organísmicos y ambientales que tiene a su alcance (Latner, 1994).

Este principio se deriva y es congruente con las filosofías existencialista y humanista que subyacen al enfoque gestáltico, que concibe al ser humano como un organismo con una tendencia natural al crecimiento y a la autorrealización, responsable de sí mismo y de su comportamiento.

Una limitación conceptual de esta filosofía y de la metodología derivada de ella es que no explicita si estos principios son aplicables a las personas con capacidades diferentes. De hecho, como señalé al principio de este texto, se consideró desde el comienzo que las personas con una reducida capacidad de DC –como pueden ser algunos casos de EER– no se benefician de esta metodología. Sin embargo, la población que tiene necesidades educativas especiales es tan numerosa y heterogénea que no es posible hacer una generalización válida sobre lo limitado o no de su capacidad de DC. Por ejemplo, algunos casos de parálisis cerebral tienen intactas sus capacidades simbólicas, por lo que su DC puede ser complejo,[1] como podemos ver claramente en el caso de Stephen Hawkin, cuya afección es esencialmente motora pero no afecta su capacidad de DC. Por otra parte, existen casos de parálisis cerebral que presentan severas deficiencias cognitivas en los que la capacidad de DC se limita al nivel sensorial y no llega al DC simple.

---

[1] Al respecto vea G.J.R. Alcaraz 2001, "Darse cuenta y atención. Una reflexión conceptual". *Figura-Fondo*, vol. 5, núm.1, primavera, p. 9, en donde se analiza en profundidad este concepto y se señala la existencia de niveles que van del DC simple, el DC complejo y el *insight*. El mismo autor especula sobre la posibilidad de que exista el meta-darse cuenta.

Entre estos extremos hay infinidad de puntos intermedios representados por aquellos casos de EER con capacidad de DC con afectaciones muy leves, como en los casos de lento aprendizaje, hasta los muy severos, como el autismo profundo o el retardo generalizado.

La capacidad de darse cuenta y la aplicabilidad de la terapia Gestalt

Con base en estas consideraciones, Alexander (2002) se dio a la tarea de investigar en qué casos de EER resultaba aplicable la TG, y encontró posibilidades en los casos que podían lograr el desarrollo del lenguaje referencial, independientemente de sus características físicas o conductuales. En los casos más severos en los que la persona no desarrolla lenguaje, las posibilidades terapéuticas con la TG se reducen drásticamente, pero no al grado de imposibilitarla por completo. Esta imposibilidad se evidencia en los casos más extremos, como aquellos que presentan monstruosidades mayores, que por lo general están acompañadas de malformaciones graves del sistema nervioso y que en algunos casos sólo tienen existencia vegetativa, lo que reduce su terapéutica a la custodia y cuidado hospitalario, o en los que presentan psicopatología severa, como psicosis o esquizofrenia.

Dentro de los límites metodológicos y filosóficos que hemos explicitado, podemos afirmar que la TG puede aportar –al menos parcialmente– elementos de trabajo en una importante proporción de los casos de EER que tienen características como las que señala Alexander (*op. cit.*).

El cuerpo multidimensional

Ahora bien, sabemos que hemos de trabajar con al menos dos cuerpos en cada caso de EER, pero también sabemos que cada uno de esos cuerpos está compuesto por múltiples dimensiones[2] –en coincidencia con la idea de Ginger y Ginger (1993)–, que se interinfluyen, convergen

---

[2] Según English y English (1977), una dimensión es cualquier característica por la cual un objeto o acontecimiento puede situarse en una serie cuantitativa o cualitativa. Cada dimensión debe ser independiente y describir colectivamente el todo de un grupo no coherente de hechos. Es sinónimo de atributo, pero con un significado más extenso: es cualquier magnitud mensurable.

y se organizan de un modo particular en cada persona específica. El cuerpo –como figura– no existe el margen de su contexto, y ese contexto en el caso humano es eminentemente histórico-social; por lo tanto, las dimensiones que lo integran van desde la fisico-química orgánica, biológico-genética, ecológica, psicológica, social, cultural y civilizacional e interactúan de manera constante y compleja en los micro, meso y magnoprocesos que componen la existencia de todas las personas.

Dada esta multidimensionalidad, nos interesa –al estar tratando estos casos gestálticamente– la totalidad de las dimensiones que lo integran, por lo que no es necesario y útil "leer" ese cuerpo como si se tratase de "un documento vivo" (López, 2003) que nos muestra en su color, su olor, su complexión, su estatura y peso –entre otras cosas–, por todo lo que ha pasado a lo largo de su vida. Sus cicatrices son las letras que conservan en la piel la memoria de los golpes, cortes y lesiones que ha sufrido. Una piel con manchas blancas en la cara y en los brazos nos habla de una desnutrición crónica, que vinculada al peso y la estatura del cuerpo nos permite saber si es de primero, segundo o tercer grado y, por lo tanto, deducir cómo opera su memoria simbólica, pues sabido es que la desnutrición y la malnutrición causan estragos en la memoria de los niños y por lo mismo bajo rendimiento escolar (si es que van a la escuela, en el supuesto de que en su comunidad hay escuela, pues en caso contrario el bajo rendimiento escolar no ocurre).

Nos interesa de igual manera conocer sus hábitos alimenticios (microproceso), el tipo, cantidad y combinación que hace de los alimentos, y la manera en que los consume; es decir, come solo, necesita ayuda para comer, se le obliga a comer, come tranquilo o enojado, para entender cómo satisface esta necesidad primaria y dotarle de elementos, ya sea informativos, comportamentales o emocionales a él y a su familia para lograr la óptima satisfacción de la necesidad. En esta dimensión, la visita del médico y el nutriólogo son invaluables (y evidentemente incursionamos en la multidisciplina y en la transdisciplina).

De fundamental importancia para comprender el origen, desarrollo y dinámica actual del caso que atendemos es la dimensión espacio-temporal que constituye el contexto histórico-social (mesoproceso) en el que se inserta el caso, por lo que es preciso conocerla para utilizarla con fines terapéuticos. Para ello nos valemos de la entrevista en profundidad con la familia del caso, con quienes recabamos toda la información posible que nos permita reconstruir la historia de desarrollo de la persona con atipicidades desde el momento en que fue concebida (en casos excepcionales es preciso ir más atrás en la línea del tiempo) hasta la actualidad.

Sin embargo, para que esta labor no se interprete como una contradicción con el principio fundamental del enfoque gestáltico de trabajar en el aquí y ahora, debemos entender que en este enfoque no se niega la importancia de la historia, a la que se considera como parte del fondo que contextualiza y le da sentido a la existencia de la persona; sin embargo, esa historia sólo existe como recuerdo en el presente, es decir, la historia sólo existe aquí y ahora que la estoy recordando. Para la Gestalt no hay pasado ni futuro, sólo hay un presente continuo, en el que recordamos el pasado o en el que anticipamos el futuro, pero siempre en el presente.

En todos los casos hacemos una visita domiciliaria para conocer directamente las condiciones de vida del caso y observar su entorno familiar, ecológico y social (macroproceso), hacemos un reporte de las características arquitectónicas de la vivienda, los servicios de que dispone, el mobiliario con que cuenta y las personas que la habitan. Se identifican factores de riesgo ecológico, como aguas negras, industrias contaminantes, la problemática social, el ambiente de inseguridad, etcétera.

El laboratorio experimental gestáltico

Con esta información construimos un modelo del contexto del caso y elaboramos situaciones "experimentales", que en lenguaje gestáltico se refiere a construir con los elementos de que se dispone en el ambiente una situación en la cual se le facilite a la persona dar una respuesta que su ambiente le exige (como resolver un problema aritmético), terminar un asunto inconcluso (como el duelo por haber perdido a un ser querido), vencer el efecto de un introyecto (como actuar por deber más que por querer), actualizar comportamientos resultantes de experiencias obsoletas (como hacer berrinches para satisfacer un deseo), aprender alguna habilidad (como lavarse los dientes o aprender a leer y escribir).

Estos experimentos deben estar graduados y basados para su puesta en práctica en las actitudes terapéuticas[3] enunciadas por Rogers (1997). La graduación del experimento se refiere en pocas palabras a que la si-

---

[3] En términos de Rogers, estas actitudes son la base de una intervención psicoterapéutica exitosa, y consisten en *1)* La aceptación positiva incondicional, *2)* La autenticidad, y *3)* La empatía.

tuación experimental que se le presenta al cliente o usuario debe ser accesible (concepto parecido a lo que en el enfoque histórico cultural se conoce como "zona de desarrollo próximo" (ZDP), pero al mismo tiempo debe exigirle la realización de un esfuerzo deliberado; por ejemplo, a un niño que apenas sabe contar hasta diez, se le puede plantear experimentalmente la posibilidad de aprender a sumar y restar unidades; cuando lo logra está en la ZDP donde puede comenzar a contar, sumar y restar decenas. Pero al mismo niño pedirle que sume y reste con decenas le es inaccesible y entonces decimos que el experimento está mal graduado y que su nivel de exigencia no está al alcance de los recursos del niño, lo cual le producirá frustración, ansiedad, miedo y conductas de evitación, limitando así su desarrollo y frenando su tendencia autorrealizante.

Por el contrario, un experimento bien graduado le permite al niño –con algo de esfuerzo– pasar del conteo a la suma y a la resta; lo que según este enfoque –si es congruente con su necesidad dominante– le producirá sensaciones de agrado (autorreforzantes), sentimientos de alegría y autoaceptación, así como contingencias sociales positivas expresadas por gestos y palabras de aceptación y agrado por parte de sus padres y maestros, sin olvidar el terapeuta.

Adicionalmente, por el mismo logro su autoconcepto se expande, pues ahora se sabe capaz de sumar y restar unidades, lo que automáticamente lo prepara para contar, sumar y restar decenas en un nuevo experimento. La labor del terapeuta en casos como el del ejemplo es diseñar y llevar a cabo una estrategia didáctica que le permita al niño darse cuenta del proceso que necesita ejecutar para realizar una adición o una sustracción con unidades y aprender esta habilidad, con lo cual estaría logrando los tres objetivos que pretende la TG.

En cuanto a la metodología o didáctica que utilizamos para diseñar estos experimentos, podemos señalar que las técnicas de modificación de conducta, el método clínico de la psicogenética y la terapia de juego de Oaklander (1992) nos han resultado perfectamente compatibles con el enfoque gestáltico, siempre y cuando no se pierda de vista el enfoque filosófico que le subyace, que entre otras cosas que ya hemos señalado no busca "controlar" el comportamiento de las personas con las que se trabaja, sino que éstas desarrollen de acuerdo con sus necesidades y contextos su capacidad de autorregulación y autorresponsabilización por sus actos.

La evaluación

Un aspecto que vale la pena resaltar se refiere a la evaluación, que en el enfoque gestáltico no se considera necesaria. No obstante, al aplicar este enfoque al campo de la EER consideramos esto como una limitante, pues en los casos que se nos presentan en la clínica hemos vivido la necesidad de evaluar constantemente a los usuarios; pero no para categorizarlos o diagnosticarlos, pues de sobra son conocidas las críticas que el humanismo ha hecho a estas prácticas y sus efectos colaterales indeseables, sino que en este contexto entendemos a la evaluación como un proceso continuo de conocimiento que nos permite tomar decisiones; por ejemplo, si el caso que ante nosotros se presenta es de EER o no, si es necesaria la intervención o es mejor canalizarlo a otro servicio, como puede ser psiquiatría, psicología clínica o trabajo social, o bien cuándo debe darse de alta.

Las evaluaciones que realizamos en la clínica consisten fundamentalmente en la aplicación de inventarios conductuales que no interpretan la conducta de la persona evaluada sino que la describen, lo cual es compatible con en método fenomenológico derivado del existencialismo. Por desgracia, en estos inventarios sistemáticamente se deja de lado el aspecto emocional del comportamiento, lo cual nos parece una seria limitación de los mismos, por lo que consideramos incompleta la descripción que nos dan del comportamiento de la persona evaluada. Pese a esta limitación, son instrumentos valiosos para la descripción del comportamiento observable, lo que facilita enormemente al terapeuta saber si el aprendizaje de habilidades se ha logrado, no así en el caso de la expansión del autoconcepto y de la capacidad de DC, para las cuales será preciso desarrollar instrumentos nuevos y sensibles a estas dimensiones del ser humano.

El ciclo de la experiencia

Un aspecto ampliamente estudiado por la Gestalt y de probada utilidad terapéutica es el ciclo de la experiencia (CE)[4] que se refiere a la mane-

---

[4] Para más detalles al respecto, vea G.J.R. Alcaraz 2002, "Ciclo de la experiencia y el papel de la atención", *Figura-Fondo*, núm. 11, primavera.

ra en que las experiencias discurren en la existencia humana. El CE se compone de siete momentos; el primero se vincula directamente con un proceso que ya hemos abordado: la necesidad dominante. Del fondo de las necesidades del organismo, la necesidad dominante se manifiesta en el cuerpo como sensaciones que al estar en el fondo no son claramente identificables, sólo constituyen un conjunto indiferenciado que se denomina motivación; este momento del ciclo por lo común es inconsciente en tanto que está estructurado como fondo.

Si el campo o contexto en donde transcurre el CE dispone del satisfactor de la necesidad dominante y la persona se halla en condiciones de proveérselo, se pasa al segundo momento del CE en el que por medio del proceso atentivo serán enfocadas las sensaciones que produce la necesidad dominante, que se constituirán en la base sobre la que se organizará el resto del ciclo al diferenciarlas perceptualmente del cúmulo de sensaciones que de modo constante está filtrando y organizando el sistema nervioso para responder a ellas en función de la jerarquía de necesidades que el mismo sistema establece de acuerdo con lo que el contexto concreto exija.

El tercer momento del CE tiene lugar cuando las sensaciones que llegan al sistema nervioso central son organizadas e interpretadas como figura, la cual podemos definir como aquel contenido del campo (ya sean sensaciones generadas por procesos corporales o por el impacto de estímulos ambientales sobre los sistemas sensoriales; y sólo para los humanos que exhiben conducta referencial, signos, símbolos o señales) que por medio de la atención es enfocado y percibido con claridad, con características definidas y en claro contraste con el fondo, que ya hemos definido.

Con esta figura formada pasamos al cuarto momento del CE, que denominamos como movilización de la energía que se caracteriza por una serie de procesos fisiológicos que se evidencian en cambios en el ritmo cardiorrespiratorio, en la presión sanguínea y en el tono cerebral y muscular, cuya función es proveer al organismo del tipo, cantidad e intensidad suficientes de energía para dar lugar a las acciones motoras y cognitivas que permitirán el contacto con el satisfactor de la necesidad dominante.

La acción es el quinto momento del CE, y puede ser muscular o cognitiva, pero siempre dirigida al contacto con el satisfactor. El contacto es el sexto momento del CE, caracterizado por el estado de semipermeabilidad en que el organismo pone sus fronteras de contacto (cuerpo, valores, exposición y experiencia) en correspondencia con la naturaleza del contacto que establece con la figura formada; si el contacto es nutricio, es decir benéfico, las fronteras se abren para incorporar al satisfactor; pero si el contacto es tóxico, o sea nocivo, las fronteras se cierran y el satisfactor se transforma en insatisfactor.

Ya sea en una situación u otra (contacto tóxico o nutricio), tiene lugar el séptimo y último momento del CE, que es el retiro, el cual es indispensable para tener un ciclo completo y saludable; el retiro es un proceso cuya función es el cierre y restitución de la figura y su implícita necesidad –que ahora ha dejado de ser dominante– al fondo perceptivo, para dar lugar a que otra figura surja del mismo, motivada por la siguiente necesidad en la jerarquía que ahora pasa a ser dominante, generando así un nuevo CE.

Hay un vínculo estrecho entre el CE y los micro, meso y macroprocesos de que hemos hablado en el primer apartado, pues hemos identificado ciclos de la experiencia simultáneos que discurren en los tiempos que implican esos mismos procesos. En otras palabras, estamos convencidos de que existen microciclos de experiencia, mesociclos de experiencia y macrociclos de experiencia, que podemos ejemplificar con un niño que inicia su educación escolar. Durante la jornada de su primer día de clases se completa un microciclo, que termina cuando sale del plantel y regresa a casa; sin embargo, en el mismo primer día se inicia un mesociclo que termina con el año escolar, y también en el primer día de escuela se inicia un macrociclo que terminará aproximadamente 16 años después, cuando termine su carrera.

Como podemos apreciar con este ejemplo, la vida misma del individuo es un macrociclo, abriéndose y cerrándose, lo que rompe con la linealidad de nuestro pensamiento para aproximarnos a las complejidades del pensamiento holista que caracteriza al enfoque gestáltico.

La utilidad terapéutica del CE. Los modos de relación

La utilidad terapéutica que le hemos dado al CE en el campo de la EER se pone de manifiesto cuando observamos que los casos que atendemos rara vez presentan un ciclo completo y sano. Por el contrario, lo común es observar CE interrumpidos en alguno de sus momentos por formas de comportamiento disfuncionales, que dificultan la satisfacción de las necesidades de la persona y ocasionan trastornos a quienes la rodean; en primer lugar a los padres, en segundo a la familia, y en tercero a la comunidad.

Con fines expositivos seguiremos la misma secuencia del CE, pero aclaro que las interrupciones se dan entre uno y otro momentos. Así, pues, de las personas que pese a tener un estado de motivación no logran DC de sus sensaciones se dice que tienen una interrupción entre la motivación y las sensaciones denominada insensibilidad, que es característica muy común entre personas con retardo profundo en el desarrollo o severos daños neurológicos.

Cuando la interrupción se da entre la sensación y la formación de la figura nos encontramos con la negación que es común en casos de despersonalización en personas con retardo profundo, o en problemas de conducta como el negativismo.

Si la interrupción tiene lugar entre la formación de la figura y la movilización de la energía, se denomina represión ideológica, sólo se observa en las personas con capacidades diferentes que desarrollan el lenguaje; por ejemplo, deficientes mentales que hacen las cosas porque se las mandan pero no comprenden por qué, o bien que no las hacen si no se les ordena. También se observa en casos de angustia de separación o de miedos irracionales.

Si la interrupción ocurre entre la movilización de la energía y la acción se llama represión fisiológica, misma que podemos observar en los caso de conductas autodestructivas o autoestimulantes.

La interrupción que se presenta entre la acción y el contacto es la sobre o sublimitación, que consiste en que la persona tiene muy abiertas o permeables sus fronteras de contacto y no define con claridad sus límites, por lo que frecuentemente confunde sus necesidades con las de los otros y viceversa. Los casos de EER en que podemos observarlos son aquellos en los que se presentan conductas de apatía o evitación.

Ahora bien, cuando la interrupción se observa entre el contacto y la retirada, hablamos de compulsión, que consiste en mantener un contacto reiterado y sostenido con el satisfactor, aun cuando ya no hay necesidad de él; en estos casos podemos hablar más de pseudonecesidad que de necesidad en sentido estricto. Por supuesto, esta conducta se observa en casos de conductas compulsivas o reiterativas como los ritualismos autistas.

Por último, también podemos encontrar interrupciones entre la retirada y la motivación del nuevo CE que se denominan fijación, y que no le permite a la persona pasar a un nuevo CE porque se queda fija en el anterior. Este comportamiento es característico de los casos con trastornos de obsesión-compulsión, abúlicos y catatónicos.

Los modos de relación (MR) son ocho y los presentamos todas las personas; por sí mismos no son buenos ni malos. En lo que podemos fallar es en la forma, la frecuencia y el contexto en que los usamos, de tal modo que pudiendo responder a contextos distintos de diferentes maneras, sucede que respondemos de un modo característico y a veces estereotipado. Aunque esto puede sucederle a cualquier persona, es mucho más notorio en quienes exhiben atipicidades en su comportamiento. Los MR son los siguientes:

Aislamiento: se caracteriza por el cierre rígido de las fronteras de contacto que dificulta las relaciones sociales con las personas del entorno.

Proyección: la persona desconoce partes de sí misma y las proyecta al ambiente o hacia quienes lo rodean, responsabilizándolos por lo que ella hace o dice, y perdiendo así facultades y control sobre su vida.

Introyección: la persona asume como partes de sí misma mandatos u órdenes que provienen de otras personas u otros contextos que no corresponden a sus necesidades, sino precisamente las de los otros, comportándose en función de ellos y desatendiéndose a sí misma.

Retroflexión: consiste en ejecutar en el propio cuerpo acciones que ordinariamente se harían en algún elemento del ambiente; la energía y la conducta de la persona se vuelve hacia sí mismo y no contacta con el exterior.

Proflexión: la persona hace o da a los otros acciones o cosas que quiere o necesita para sí misma; sin embargo, cuando otros tratan de dárselo, la persona es incapaz de recibirlo, quedando de esta manera muy defraudada.

Deflexión: la persona moviliza sus recursos e identifica sus necesidades y busca sus satisfactores; sin embargo, no hace contacto con ellos, sino con sustitutos que no la satisfacen del todo.

Confluencia: se identifica cuando las fronteras de contacto están demasiado abiertas y permeables, perdiéndose los límites entre lo que es el yo y no yo, y haciendo que la persona confunda o sustituya sus necesidades por las de los otros en detrimento de las propias.

Fijación: lo característico de este modo es la detención de la atención sobre un solo aspecto o dimensión del campo, lo que evita el contacto con la novedad del mismo, y restringe las acciones, pensamientos y sentimientos de la persona a límites conocidos sin permitirle el paso a situaciones, experiencias y aprendizajes nuevos, deteniendo el desarrollo.

Identificar las interrupciones en el CE y el modo de relación de las personas con capacidades diferentes y sus padres, nos sirve para diseñar los experimentos que los lleven a DC de cómo interrumpen su CE, qué ganan y qué pierden con ello, así como su forma predominante de relacionarse consigo mismos y con los otros, para que los usen de acuerdo con su *pregnanz* y de este modo continúen con su desarrollo. Para lograrlo, la TG cuenta con una gran cantidad de técnicas específicamente diseñadas (Stevens, 1997) para atacar cada tipo de bloqueo, así como para flexibilizar los modos de relación; sin embargo, y esto es explícito en el enfoque gestáltico, el principal y más poderoso recurso para el diseño y puesta en operación de los experimentos es la creatividad del terapeuta (Zinker, 1999).

Los resultados

He expuesto hasta aquí el trabajo pionero que estamos realizando con el enfoque gestáltico en el campo de la EER. Como es lógico, hemos encontrado muchas dificultades operativas al momento de sentarnos frente a esos dos cuerpos estrechamente unidos por vínculos invisibles, pero absolutamente reales, tal como ocurre con un choque eléctrico que no percibimos al observar un cable cargado, pero que lo sentimos claramente al tocarlo, al ponernos en contacto con él. Del mismo modo, el contacto continuo, profundo y comprometido con estas personas agobiadas, que demandan de nosotros atención, comprensión y ayuda para solucionar sus problemas, nos ha permitido experimentar empáticamente su angustia, sintiéndola en nuestro cuerpo como si fuera nuestra, pero sin olvidar en ningún momento que no lo es; para no perdernos en el laberinto de las relaciones complejas y desconcertantes de las atipias humanas y conservar nuestra perspectiva profesional pero al mismo tiempo, y de manera insoslayable, profundamente humana.

Esta forma de trabajo, como ya he señalado, aún carece de medios cuantitativos adecuados, lo suficientemente sensibles como para dar cuenta en el frío lenguaje de los números y de las gráficas, con curvas ajustadas y multivariadamente analizadas, de los cambios cualitativos y subjetivos que caracterizan la mayor parte de la existencia humana inserta en contextos sociales, culturales y civilizacionales, entre los cuales, por supuesto, se encuentra el de la clínica Iztacala.

Por fortuna podemos apoyarnos en elementos básicos de la metodología cualitativa, que de manera igualmente rigurosa y científica da cuenta de aquello que –como el perfume de una rosa– no puede ser expresado en números. Los expedientes que cuidadosamente hemos realizado de cada uno de los casos que hemos atendido de esta forma –y que hasta el día de hoy son 14 casos– conservan en la medida de nuestras posibilidades la memoria de papel de estas experiencias gestálticas que se aplicaron a las siguientes personas:

1. Érika. Autista profunda, sin lenguaje, que el día de hoy trabaja con sus padres en un pequeño negocio de preparación de alimentos, fue dada de alta.
2. Xavier. Síndrome de Down, muy retardado con un lenguaje incomprensible, sus padres trabajaron profundamente sus sentimientos hacia este hijo al que dejaron de sobreproteger para enseñarlo a valerse por sí mismo y expresar con su escaso lenguaje verbal, apoyado por uno de señas, sus necesidades y sentimientos, incluidos los de desagrado y enojo; fue dado de alta después de muchos años de servicio en la clínica.
3. Gabriela. Hipoacúsica bilateral profunda pero cognitivamente intacta; aislada, muy descuidada por su familia, de muy mal carácter. Se trabajó con su madre y su abuela cerrando asuntos inconclusos acerca del nacimiento de Gabriela para, finalmente, darle un lugar en la familia; comenzaron a aprender el lenguaje de señas para comunicarse, se capacitó a Gabriela para trabajar como costurera. Sigue asistiendo a la clínica.
4. Alan. Problemas de lenguaje y bajo rendimiento escolar. Niño agradable y tranquilo, muy callado, retroflector que no expresaba sentimiento alguno. Sus padres trabajaron con él sobre su autoconcepto y autoestima, aprendieron a crear un clima de confianza en la familia que facilitó su expesión verbal al verse libre de las burlas por su incapacidad para pronunciar el fonema rr, finalmente logró pronunciarlo y acreditar su ciclo escolar, tiene amigos y expresa sentimientos de alegría. Fue dado de alta.

5. Belén. Pequeña de cuatro años, encantadora, carismática, manipuladora y sobreprotegida, con problemas de articulación y de conducta. Junto con su madre aprendió a discriminar cuándo obedecer y cuándo no; su conducta y su lenguaje mejoraron notablemente. Tras un intento fallido, por fin fue dada de alta.

6. Martín G. Dificultad de aprendizaje, lenguaje con problemas semánticos y sintácticos; aislado, rehuye el contacto físico y social. Caso difícil que sólo acepta trabajar en el jardín de la clínica con poco avance en el área académica, donde muestra un atraso considerable. Junto con los padres, se decide sacarlo de la escuela por ser un ambiente tóxico para el niño; a partir de entonces Martín parece "liberado", acepta trabajar en cubículo y prospera desarrollando repertorios preacadémicos. En una sesión entra en llanto desgarrador y entre lágrimas y sollozos habla en un largo monólogo de su triste experiencia en la escuela. Su pobre lenguaje apenas le alcanza para referir lo que sufrió en una escuela donde era castigado e ignorado por maestros y compañeros. Tras este episodio, se dio más atención al aspecto emocional que al académico. Martín sigue asistiendo a la clínica.

7. Adolfo. Adulto de 22 años; asiste a la clínica desde los siete años, padece de daño cerebral severo desde el nacimiento. Su madre es una mujer sensible y "preocupona", trabajó terapéuticamente su conflicto con el marido que no se involucra con Adolfo; expresó fuertes sentimientos de enojo, también descubrió sus habilidades manuales como medio para dejar de depender económicamente de su marido. Cambió su actitud hacia Adolfo y le asignó tareas sencillas en la casa. Para sorpresa de todos, Adolfo empezó a pronunciar algunas palabras sueltas y a participar en actividades manuales junto con su madre, superando las conductas destructivas que exhibía al respecto. Actualmente está aprendiendo conductas de autocuidado. Sigue asistiendo a la clínica.

8. Martín C. Niño de siete años, de cuerpo menudo, muy simpático, deflector, con una increíble habilidad para distraer a los adultos que le encomiendan tareas que él no se interesa en cumplir; enfermizo y sobreprotegido por la madre, no hace nada que no desea; por lo mismo carece de educación escolar. Vive en una zona muy marginada y carente de todos los servicios. Pese al trabajo realizado no hubo cambios en su comportamiento. Su madre solicitó

una baja temporal en la clínica por la falta de recursos para acudir al servicio.

9. Monserrat. De 6 años de edad. Cursa el primer grado de primaria, con marcados problemas de memoria de corto plazo; de cuerpo delgado, presenta en brazos y cara manchas blancas; su rendimiento escolar es muy bajo, no logra dominar la lectoescritura, muy callada, retroflectora. La madre de Monserrat siempre la lleva a la clínica muy limpia y bien peinada: afirman que a la niña le gusta. Se trabajó con las proyecciones maternas para que discriminara las necesidades de ella de las de su hija; con la niña se trabajó con su memoria, se cambiaron sus hábitos alimenticios y se le enseñaron habilidades sociales. Su expresividad y comunicación oral mejoró sensiblemente. Sigue asistiendo a la clínica.

10. José A. Es el menor de dos hermanos; su padre es alcohólico violento. Su madre, iletrada, ha soportado durante años las agresiones del marido; su hija mayor huyó de casa hacia Estados Unidos. José tiene problemas de conducta, no sigue instrucciones y está obsesionado con dibujar camiones de transporte público (fijación); tiene cientos de dibujos, todos diferentes. Le gusta la música y cantar. En el trabajo con la madre, ella se sintió muy expuesta al hablar de su vida en grupo y desertó; se le apoyó y se trabajó con ella individualmente, y en estas condiciones trabajó sobre su vida de pareja. Decidió aprender a leer "para ayudar a su hijo"; empezó a trabajar como doméstica a escondidas del esposo. José aprendió a leer y a controlar su comportamiento; pese a sus evidentes "diferencias", logró ingresar a una escuela regular en donde su buena memoria le permite sacar notas relevantes, aunque su comprensión de lo que memoriza es muy pobre; actualmente se trabaja con él en comprensión de lectura. Sigue asistiendo a la clínica.

11. Mary C. Mujer de 32 años con síndrome de Down. Vive sola con su padre pensionado, quien se hizo cargo de ella al morir la madre; ha sido operada de cataratas en ambos ojos y también del corazón, lleva muchos años siendo atendida en la clínica y desarrollando toda clase de repertorios, desde autocuidado hasta vocacionales (aunque nunca ha trabajado). Mary C. logró, después de años de trabajo, algo muy difícil entre estas personas: conducta sexual: consiguió una pareja y tuvo una relación de noviazgo que terminó de manera inesperada casi dos años después. Mary volvió

a enamorarse, pero esta vez de una mujer, una de las terapeutas de la clínica. Esta situación nos planteó serias dificultades ante la preferencia sexual y la "conciencia" de Mary de pretenderla como novia, pero al mismo tiempo permitió darnos cuenta de que una persona con capacidades diferentes tiene capacidad y derecho a enamorarse, a tener una preferencia sexual y a intentar realizar su amor; igualmente nos enseñó que mientras a estas personas se les den espacios y oportunidades continuarán desarrollándose durante toda su vida. En este trance, la TG nos permitió entender y aceptar como genuina y válida la pretensión de Mary. Se le apoyó en esta nueva etapa de su vida, pero lamentablemente no fue aceptada por su pretensa; entonces se le acompañó en el duelo. Hoy en día, Mary no es una carga sino un apoyo real e invaluable para su padre enfermo: ella cuida de él con la paciencia que sólo las personas como Mary tienen, sin desesperase nunca, amorosamente y con algo único en ella: sentido del humor. Mary es una mujer autosuficiente en su contexto, pero sigue aprendiendo. Continúa asistiendo a la clínica.

12. Jaquelín. Tiene ocho años; se presentó a la clínica por su bajo rendimiento escolar y su lenguaje poco desarrollado; muy retraída. Su madre accedió a trabajar junto con su hija desde el principio y a enfrentar sus sentimientos de inseguridad y su dependencia económica. Tanto ella como Jaquelín modificaron en poco tiempo su comportamiento y se mostraron paulatinamente más expresivas y cooperativas en todas sus actividades. La niña cubrió los objetivos en el desarrollo del lenguaje y pasó a tercero de primaria. Fue dada de alta.

13. Vanesa. Pequeña de ocho años con síndrome de Down. Es la menor de tres hermanas; muy consentida y sobreprotegida por el padre que funge como figura de autoridad débil: lo desobedece y, en palabras de él mismo, "lo hace como quiere". La madre es de carácter más decidido pero igualmente sobreprotectora y complaciente; se relaciona con la niña por introyectos de los médicos que la han atendido, quienes, que dada su afección cardiaca –propia del síndrome–, le indicaron que "no debía contradecírsele en nada, porque un berrinche podía causarle la muerte". Vanesa es de carácter dulce y muy cariñosa; no obstante, está acostumbrada a hacer lo que desea: si algo no le gusta se cruza de brazos y hace pucheros.

Los padres terminan accediendo a todas sus demandas. Se trabajó con ella en el control de su atención y en repertorios preacadémicos; con los padres se trabajaron los miedos e introyectos; no obstante su cooperación, no lograron superar el temor a la muerte por un berrinche. La conducta de Vanesa no tuvo cambios significativos. Pidieron su baja y se fueron a vivir a la costa.

14. Alejandro. De cuerpo muy delgado y corta estatura, ojos grandes y expresivos, muy callado, tímido, con una cicatriz en la cara que es evidencia de la cirugía para corregir el labio y paladar hendido con los que nació. Sus padres nos advierten que no debe comer dulces ni chilitos ni refrescos, porque padece de úlcera gástrica, que aunque ha sido operada no ha desaparecido y que es la causa de su bajo peso. Alex –como le dicen sus padres– no asiste a la escuela por sus frecuentes enfermedades y por temor a que lo lastimen los niños; ambos padres se preocupan por él y lo acompañan a la clínica. Alejandro aprendió a leer y escribir; su lenguaje, pese a ser semántica y sintácticamente correcto, tiene deficiencias fonológicas que una nueva cirugía podría corregir. Con el tiempo y el trabajo sistemático, los padres lograron vencer sus temores y Alex entró a una escuela regular, aumentó su estatura y su repertorio verbal; tuvo muchas dificultades para comprender la adición y sustracción en la escuela, por lo que se decidió intervenir en esa área con espectaculares resultados al vincular en la clínica las operaciones abstractas con mercancías concretas que sus padres vendían en una pequeña tienda que abrieron con la intención de que Alex se dedicara a atenderla. Alejandro aprendió a manejar dinero tomando y surtiendo pedidos a los terapeutas y a los maestros de psicología. Con lo que ganó y ahorró se compró un balón de futbol y una playera de pumas; estaba feliz, lo mismo que sus padres que veían día con día superarse a Alejandro; vieron cómo aumentaba su capacidad de darse cuenta, y cómo su pensamiento se hacía más abstracto; lo vieron adquirir habilidades para saludar, tomar el pedido, entregar mercancía, cobrar y dar cambio; lo vieron expandir su autoconcepto y aumentar su autoestima al dominar no sólo la adición y la sustracción sino hacer equivalencias y manejar fracciones, es decir, los tres objetivos de la TG.

Alex terminó su último semestre en la CUSI, lleno de satisfacción; lamentablemente no pudo regresar a ella para dar testimonio con su presencia de lo que el enfoque gestáltico aportó a su tratamiento... Él murió a consecuencia de una trágica caída mientras jugaba con sus amigos. Sin embargo, su presencia y su valor para superar dificultades siguen vivos aquí y ahora, como recuerdo entre quienes tuvimos el privilegio de conocerlo.

Una reflexión a manera de conclusión

El enfoque Gestalt no es la panacea en el campo de la EER; si bien tiene bondades muy esperanzadoras y rescatables, también tiene limitaciones evidentes. La más obvia es que no es para todos; en algunos casos no funciona; y saber esto es tan valioso como saber que en otros funciona espectacularmente. Esta diferencia de resultados no me parece que sea inherente al enfoque o a su metodología, sino al contexto en el que es aplicado, en el que se conjugan las condiciones de vida del caso y la multidimensionalidad de su existencia con las del terapeuta, que también las tiene, y que cambian día con día haciendo prácticamente incontrolable e impredecible el resultado de la conjugación de estos factores y sus respectivos actores.

Otra limitación de este enfoque es que en la medida en que surge en el macrocontexto de la civilización occidental es congruente con una serie de sus rasgos, entre los que destacan su antropocentrismo (Lara, *op. cit.*); el humanismo existencialista del que filosóficamente se nutre el enfoque gestáltico se ocupa de los humanos, pero se separa ontológicamente de la naturaleza y de los otros seres que habitan el planeta, y no concibe la posibilidad de que también los animales y los vegetales puedan ser comprendidos empáticamente, lo que nos haría verlos como algo distinto a una mercancía; quizás incluso podríamos respetarlos y detener la depredación sistemática e irracional que hemos hecho de ellos.

Otro rasgo de esta civilización es que fragmenta conceptualmente la realidad (Lara, *op.cit.*); en este sentido, la pretensión del enfoque gestáltico de trabajar con la totalidad se queda lejos de su meta al dejar de lado aspectos como la economía, que contextualiza los casos que atendemos y que es parte del fondo de necesidades de las personas con las que trabajamos, y que la metodología Gestalt ha dejado precisamente ahí, en el fondo. Junto con la política y la racionalidad con la que opera. Este enfoque también necesita autoobservarse y explicitar a qué corriente de pensamiento pertenece y cuáles son sus límites epistemológicos, ontológicos, metodológicos y civilizacionales.

Si consideramos los microcontextos, la Gestalt no dispone de una teoría en sentido estricto; por eso nos referimos a ella como un enfoque que tiene inconsistencias conceptuales, lagunas teóricas y poca investigación sistemática en el terreno aplicado, que curiosamente es en el que más se ha desarrollado.

Para terminar, como un enfoque en desarrollo, la Gestalt no tiene la verdad absoluta ni pretende tenerla, y qué bien que así sea explicitado, porque esa "actitud" es la que mantiene la puerta abierta a la evolución y a la innovación en la producción del conocimiento, dándonos a los mexicanos la oportunidad de construir, en nuestro contexto y de acuerdo con nuestras características, modelos teóricos y alternativas metodológicas que satisfagan plenamente nuestras necesidades en todas y cada una de nuestras dimensiones.

Bibliografía

Alcaraz, G.J.R. (2001). Darse cuenta y atención. Una reflexión conceptual. *Figura-fondo,* 5 (1) 35-56.

—— (2002). Ciclo de la experiencia y el papel de la atención. *Figura- Fondo, 11*, 81-92.

—— (2003). Psicoterapia Gestalt para padres de personas con necesidades especiales. *Figura-fondo, 14*, 27-41.

Aguilera, C.G., Alcaraz, G.J.R., Ávila, A.J., y Dorantes, M.A. (2004), Psicoterapia infantil con enfoque Gestalt. Ponencia presentada en la 2ª Semana de Psicología de la Universidad Franco Mexicana. Inédito. México.

Alexander, G.R.M. (2002). *Terapia Gestalt en casos de educación especial.* Tesina, FES-Iztacala, UNAM, México.

Amescua, G. (1997). *La magia de los niños.* La Habana: Academia.

Bijou, S.W. (1980). Teaching the retarded child at home. Ponencia presentada en el International Symposium on Personnel Training of the Mentally Retarded. Tokio. Inédito.

English, H.B., y English, A.C. (1977). *Diccionario de psicología y psicoanálisis.* Buenos Aires: Paidós.

Ginger, S., y Ginger, A. (1993). *La Gestalt: una terapia de contacto.* México: Manual Moderno.

Guski, R. (1992). *La percepción. Diseño psicológico de la información humana.* Barcelona: Herder.

Jacobo, C.Z. (1999). *Consideraciones generales a la educación especial. Contexto e Educação.* Brasil: UNIJUF.

Köhler, W. (1972). *Psicología de la forma. Su tarea y sus últimas experiencias.* Madrid: Biblioteca Nueva.

Lara, V.J. (2005). *Metapsicología de contexto. Una forma para estudiar la realidad psicológica.* En prensa. México.

Latner, J. (1994). *Fundamentos de la Gestalt.* Santiago: Cuatro Vientos.

López, R.S. (2003). *Lo corporal y lo psicosomático.* Vol. III. México: CEAPAC.

Mannoni, M. (1992). *El niño retardado y su madre.* México: Paidós.

Mares, M.A., y Hick, B. (1984). Asesoría conductual continua: Un programa de consulta externa. En R.G. Hinojosa y C.E. Galindo. *Aportaciones de la psicología a la educación especial. La enseñanza de los niños impedidos.* México: Trillas.

Oaklander, V. (1996). *Ventanas a nuestros niños. Terapia gestáltica para niños y adolescentes.* Santiago: Cuatro Vientos.

Perls, F. (1998). *Sueños y existencia*. Santiago: Cuatro Vientos.

Rogers, C. (1997). *El proceso de convertirse en persona*. México: Paidós.

Stevens, J. (1997). *El darse cuenta. Sentir, imaginar, vivenciar*. Santiago: Cuatro Vientos.

Vernon, M.D. (1979). *Psicología de la percepción*. Buenos Aires: Horme.

Zinker, J. (1999). *El proceso creativo en la terapia gestáltica*. México: Paidós.

Acerca de los autores

Mucio Alejandro Romero Ramírez

Licenciatura, maestría y doctorado en psicología otorgados por la Universidad Nacional Autónoma de México. Profesor investigador en psicología en la Universidad Autónoma del Estado de Hidalgo. Profesor de educación especial y rehabilitación en la Facultad de Estudios Superiores Iztacala, UNAM. Participación en diferentes proyectos de investigación. Ponente en actos académicos, especializados nacionales e internacionales. Autor y coautor de artículos publicados en revistas científicas y capítulos en libros sobre procesos básicos de aprendizaje y memoria, bajo rendimiento escolar y evaluación. Línea de investigación: aprendizaje y memoria y problemas de aprendizaje.

Andrés Mares Miramontes

Licenciatura, maestría y doctorado en psicología otorgados por la Universidad Nacional Autónoma de México. Profesor investigador en psicología en la Facultad de Estudios Superiores Iztacala, UNAM. Participación en diferentes proyectos de investigación. Presentación de 15 trabajos de investigación en actos académicos especializados. Publicación de artículos y capítulos en libros especializados de psicología

J. René Alcaraz González

Licenciatura en psicología otorgada por la Universidad Nacional Autónoma de México. Profesor investigador en psicología en la Facultad de Estudios Superiores Iztacala, UNAM. Diplomado en psicoterapia Gestalt infantil. Especialidad en psicoterapia Gestalt con subespecialización en síntomas. Maestría en educación con enfoque Gestalt. Participación en diferentes proyectos de investigación. Autor de artículos en revistas especializadas y capítulos en libros.

Rogelio León Mendoza

Licenciatura en psicología otorgada por la Facultad de Estudios Superiores Iztacala, UNAM. Maestría y especialidad en terapia familiar sistémica (IFAC). Profesor asignatura en la Facultad de Estudios Superiores Iztacala, UNAM. Ponente de trabajos de investigación y organizador de actividades en investigación. Experiencia de 15 años en terapia de aprendizaje, educación especial y en terapia familiar y de pareja. Participación en diferentes proyectos de investigación.

Víctor M. García

Licenciatura en psicología otorgada por la Universidad Nacional Autónoma de México. Psicólogo de centros de integración juvenil. Experiencia de 20 años en desarrollo infantil, terapia de modalidad cruzada, programas de estimulación temprana, neuropsicología, psicoterapia infantil y de la adolescencia. Ponente en congresos nacionales e internacionales. Participación en diferentes proyectos de investigación.

Adriana Alvarado F.

Licenciatura en psicología otorgada por la Universidad del Valle de México, campus Lomas Verdes. Experiencia en evaluación y tratamiento de niños autistas. Asistencia a cursos de manejo de niños especiales, planeación de programas curriculares de preescolares. Actualmente trabaja en el campo psicopedagógico.

Eliseo Bautista M.

Licenciatura y maestría en psicología otorgados por la Facultad de Estudios Superiores Iztacala, UNAM. Participación en diferentes congresos nacionales. Actualmente es coordinador del Centro de Desarrollo Humano de la Universidad del Valle de México, campus Lomas Verdes.

Luis J. Fuentes Melero

Doctorado en psicología cognitiva otorgado por la Universidad de Granada, España. Profesor investigador en psicología en la Universidad de Murcia, España. Participación en diferentes proyectos de investigación. Autor y coautor de múltiples artículos en revistas especializadas de psicología y capítulos en libros especializados. Ponente en actos académicos, nacionales e internacionales.

Ángeles F. Estévez

Doctorado en psicología otorgado por la Universidad de Almería, España. Profesora investigadora en psicología en la Universidad de Almería, España. Participación en diferentes proyectos de investigación. Autora y coautora de varios artículos en revistas especializadas de psicología y capítulos en libros especializados. Ponente en actos académicos, nacionales e internacionales.

Juan P. Martínez Martínez

Licenciatura en psicología, con especialidad en docencia y maestría en ciencias de la educación. Profesor investigador titular C y coordinador del área académica de psicología en la Universidad Autónoma del Estado de Hidalgo (UAEH). Fue director de Orientación y Servicios Educativos en la UAEH, con reconocimiento por 22 años de dedicación y entrega a la labor académica. Reconocimiento del Comité Estatal Interinstitucional para la Formación de Recursos Humanos para la Salud del Estado de Hidalgo por participar en la revisión de planes y programas de estudio dentro del subcomité técnico de la licenciatura y maestría de psicología. Entrevistas con diferentes medios de comunicación, participación como conferencista en diversos actos nacionales, publicaciones en revistas y memorias nacionales.

Rubén García Cruz

Candidato a doctor en ciencias de la educación por la Universidad de Oviedo, España. Maestría en psicología educativa por la Universidad de La Habana, Cuba. Maestría en ciencias pedagógicas por el Instituto Superior Pedagógico Villa Clara. Profesor investigador en psicología en la Universidad Autónoma del Estado de Hidalgo. Ha realizado publicaciones sobre bajo rendimiento escolar y evaluación.

Víctor J. Miranda Lara

Licenciatura en psicología por la UNAM, con diplomado en evaluación psicológica en la FES-Iztacala. Catedrático de psicología en la Universidad de Ecatepec y colaborador en el proyecto ISED, en el área de educación especial y rehabilitación de la Clínica Universitaria de Salud Iztacala (CUSI). Además ha ejercido como evaluador para la Unidad de Evaluación Psicológica Iztacala, y como psicólogo-instructor de habilidades adaptativas en varias instituciones de educación especial. También ha impartido cursos para diversas poblaciones sobre la intervención en crisis, la teoría del niño interior y escuela para padres.

Esta obra se terminó de imprimir
en octubre de 2012, en los Talleres de

IREMA, S.A. de C.V.
Oculistas No. 43, Col. Sifón
09400, Iztapalapa, D.F.